高等院校婚庆专业"十三五"规划教材

婚礼色彩设计与应用
（第二版）

主　编　李倩一　赵　莲
副主编　王晓玫　崔　杰
参　编　王　楠　张若愚
　　　　崔鹏飞　赵　天

中国铁道出版社
CHINA RAILWAY PUBLISHING HOUSE

内 容 简 介

本书以婚礼庆典服务为核心，以婚礼服务项目中所涉及的色彩因素为出发点，从色彩的基本理论和基础元素入手，使学生逐步理解色彩的情感意义、联想与象征，细致理解并分析古今中外的色彩历史与文化价值，从而掌握基本的色彩设计与搭配方法，并要求学生掌握在婚礼化妆造型设计、婚礼现场设计与婚礼影像拍摄中的色彩设计技巧。

本书共7个项目：掌握色彩的基础理论、了解色彩的情感与联想、了解色彩的历史文化、婚礼色彩设计的方法与运用、婚礼化妆造型的色彩设计与应用、婚礼现场的色彩设计与应用、婚礼影像的色彩设计与应用。每个项目包括学习目标、项目概览、核心技能、理论知识等，既注重理论性又注重实操性，使学生在做中学、学中做，学做结合，较快掌握婚礼色彩的设计与应用技术，切实提高婚庆服务实践操作能力。

本书既可作为高等院校婚庆专业学生的专业教材，也可作为婚庆服务行业的培训教材、婚礼色彩设计师与婚礼策划师岗位培训的创新型教材，以及婚庆从业人员提高艺术素养和色彩设计能力的自我训练用书。

图书在版编目（CIP）数据

婚礼色彩设计与应用 / 李倩一，赵莲主编 . —2 版 . —北京：
中国铁道出版社，2018.9
高等院校婚庆专业"十二五"规划教材
ISBN 978-7-113-24849-9

Ⅰ. ①婚… Ⅱ. ①李… ②赵… Ⅲ. ①结婚 - 礼仪 - 色彩 -
设计 - 高等学校 - 教材 Ⅳ. ① K891.22

中国版本图书馆 CIP 数据核字（2018）第 199943 号

书　　名：婚礼色彩设计与应用（第二版）
作　　者：李倩一　赵　莲　主编

策　　划：魏　娜　　　　　　　　　读者热线：（010）63550836
责任编辑：陆慧萍　卢　笛
封面设计：刘　颖
责任校对：张玉华
责任印制：郭向伟

出版发行：中国铁道出版社（100054，北京市西城区右安门西街 8 号）
网　　址：http://www.tdpress.com/51eds/
印　　刷：北京铭成印刷有限公司
版　　次：2015 年 8 月第 1 版　　2018 年 9 月第 2 版　　2018 年 9 月第 1 次印刷
开　　本：787 mm×1 092 mm　1/16　印张：9　字数：198 千
书　　号：ISBN 978-7-113-24849-9
定　　价：35.00 元

高等院校婚庆专业"十三五"规划教材
编委会名单

编委会主任： 邹文开

编委会副主任： 赵红岗　王晓玫

编委会委员： （按姓氏笔画排序）

万建中	万俊杰	王　楠
王书恒	王晓玫	叶碧英
李倩一	李雅若	张平芳
陈　辉	金　毅	周　涛
周良才	赵　天	贾丽彬
崔　杰	章　林	

编委会秘书长： 王晓玫

总/序

凝结着四所高校教师和婚庆行业一线专家集体智慧和辛勤付出的"高等院校婚庆专业'十三五'规划教材"终于面世了。我们为之感到由衷的欣慰。这是婚庆专业教育理论建设、专业研究和专业教育情结使然。

2007年，北京社会管理职业学院开始举办高等职业教育后，在民政管理专业项下设立了三个专业方向：婚姻服务与管理、社会救助与管理、殡仪服务与管理，自此在全国高等学校开创了婚庆专业的先河。而在专业建设之初，教材建设就成为专业建设的重中之重。从2007年下半年开始，北京社会管理职业学院婚庆教研室就着手编写婚庆专业自编讲义，至2010年已经编写完成了《婚姻庆典服务概论》《婚礼策划实务》《婚礼现场督导》《婚礼主持艺术》《普通话与婚礼主持》《婚礼摄影》《婚礼色彩学》《婚俗文化学》《婚礼花艺与现场布置》《婚礼音乐鉴赏与编辑》《婚庆公司经营与管理》《婚庆服务礼仪》等12本校本自编讲义。这些自编讲义为我们出版"高等院校婚庆专业'十三五'规划教材"奠定了坚实的基础。

随着我国高等学校高职高专婚庆专业的迅速发展和社会需求，高职高专婚庆专业教材建设也面临着更高的要求。至2013年，除北京社会管理职业学院开办婚庆专业外，湖北民政职业学院、长沙民政职业技术学院、重庆城市管理学院也相继开办了婚庆专业。目前，据统计已经有23所高职院校3所中职学校开设了婚庆服务与管理专业或方向。为更好地配合高等职业教育婚庆专业的教学改革，加大工学结合教学资源的开发力度，为高职高专婚庆专业技术技能型人才培养提供优质教材支持，我们依靠民政部牵头组建和管理的、指导民政职业教育与培训工作的专家组织—民政行业教育指导委员会的领导，由民政行业教育指导委员会教材编写委员会、北京社会管理职业学院民政管理系牵头，长沙民政职业技术学院、重庆城市管理职业学院、湖北民政职业学院提名人选参与，同时吸纳了部分婚庆行业专家，成立了"高等院校婚庆专业'十三五'规划教材编写委员会"（以下简称编委会），负责规划教材的组织编写。

"高等院校婚庆专业'十三五'规划教材"总结了婚庆服务领域企业经营、技术经验、行业标准等方面理论和实践经验、展示了婚庆服务的未来发展趋势，突出了专业性、技术性、先进性和规范性。在具体编写上，体现了行业特点和前瞻性，并将国际、国内先进婚庆行业发展理念和实践经验提炼出来，力求成为引导我国婚庆行业未来发展的高质量、高水平的"高等院校婚庆专业'十三五'规划教材"。

本系列教材包括：《婚礼策划实务（第二版）》《婚礼现场督导》《婚礼主持教程（第二版）》《婚礼花艺与现场布置（第二版）》《婚礼化妆造型技术》《婚礼音乐鉴赏与编辑》《婚庆公司经营与管理》《中西婚礼文化（第二版）》《婚礼摄影教程》《婚庆服务礼仪》《婚礼色彩设计与应用（第二版）》《婚姻庆典服务概论》《婚礼手绘教程》等。在每本书体例设计上采取以工作流程为主线设计教材的方式，突出体现了基于工作过程的设计理念。

编委会按照"服务婚姻、服务婚庆、服务行业"的理念，将内容与专业未来发展相衔接，结合参与编写作者所在高校的自身优势，分工合作，并于 2013 年 1 月 20 日召开了各分册编写大纲审议会议，确定了编写计划和各分册编写提纲。在北京社会管理职业学院编写讲义的基础上，历时两年多陆续由中国铁道出版社正式出版。

本系列教材体系框架主要由王晓玫教授带领相关教师和行业专家构思而成，在此基础上，又由各分册的主编和作者做了进一步的讨论和修改。展示在广大读者面前的这套"高等院校婚庆专业'十三五'规划教材"，无疑凝聚着所有给予指导和参与撰写、讨论修改的专家、教师的集体智慧。

本系列教材出版后，获得开设婚庆专业的院校的热烈欢迎和订购，也获得了婚庆行业的高度评价和积极购买。由于部分教材已经售罄或者即将售罄，同时，经过调研有的教材需要进行修订完善，经编委会与出版社商议，决定在第一版的基础上，对已经出版的教材进行修订后再版。

"高等院校婚庆专业'十三五'规划教材"受水平所限，在其理论和实践的探索中难免会有这样或那样的疏漏或缺陷，敬请婚庆、婚俗理论界、实务界和所有关心婚庆教育的人士给予批评、指教。

邹文开

2016 年 6 月 26 日于北京

前/言

近年，婚庆项目愈加细化，服务水平愈加精致、人性化，在婚礼策划中也更加体现人文性和艺术性。因此，作为描绘婚礼蓝图的婚礼手绘技能也愈加重要，也成为婚庆公司为新人提供婚礼定制服务的一个重要的服务项目，成为婚礼策划师谈单和策划的一个重要的技能。目前，婚庆公司受过专业训练的婚礼手绘人员非常少，能拿得出手的表现图绘画师更是凤毛麟角。

婚礼庆典服务行业和色彩研究一样，其重要性和科学性正日益受到重视。在发达国家已风行 10 多年的色彩咨询业方兴未艾，作为一个"色彩工程"，色彩咨询早已不局限于服饰搭配，还运用于产品包装、商店货品色彩陈列、婚礼现场色彩搭配、婚宴设计、婚礼化妆设计、婚礼服饰设计、企业甚至城市的色彩形象设计等范畴。

婚礼庆典服务在我国也迅速发展并成长，并受文化、科技和时尚等诸多因素的影响，更与色彩紧密相关，色彩设计也就成为婚礼庆典高附加值的一部分。用亮丽协调的色彩装点婚礼、包装婚礼以及为婚庆公司宣传品牌，以便加深消费者对婚礼庆典服务的认知记忆程度，便是色彩的无限魅力所在。

目前色彩学的相关研究主要分三方面：一是针对绘画与设计方面，如色彩构成、包装色彩学等；二是色彩心理研究方面，如色彩性格等；三是色彩在生活中的应用方面，如服饰、家居等。作为以婚礼庆典服务为核心内容的婚庆服务，既包括以上三方面的研究方向，又有所不同。目前专门研究婚礼色彩搭配与应用技术方面的教材和著述十分匮乏。本书以婚礼色彩设计任务为导向，以"婚礼"为核心，以婚礼服务的各个项目中所涉及的色彩因素为出发点，先从色彩的基本理论和基础元素入手，逐步理解色彩的情感意义、联想与象征，便于学生细致理解并分析古今中外的色彩历史与文化价值，从而掌握基本的色彩设计与搭配方法，以及婚礼化妆造型设计、婚礼现场设计与婚礼影像拍摄的色彩设计技巧。因此本书可以为婚庆服务与管理专业的学生提供教材支持，也可以作为婚庆服务一线的婚庆专业人士了解和掌握婚礼色彩运用的知识读本，具有非常重要的意义。

本书基于现代教学理念和行动导向的教学方式，采取了全新的编写模式。编者用项目制的编写模式设计本书的结构和顺序，体现了高职教学的"教学做一体化""教中学、学中做"的人才培养模式。本书共7个项目，包括：项目1掌握色彩的基础理论；项目2了解色彩的情感与联想；项目3了解色彩的历史文化；项目4婚礼色彩设计的方法与运用；项目5婚礼化妆造型的色彩设计与应用；项目6婚礼现场的色彩设计与应用；项目7婚礼影像的色彩设计与应用。

本次修订增加了更接近于婚庆行业实际操作的实训案例，细化了实训项目的评分标准，并且融入了信息化教学的方法，以增强学生的学习兴趣和实践能力。

本书由李倩一、赵莲任主编，王晓玫、崔杰任副主编，王楠、张若愚、崔鹏飞、赵天参与了编写工作。全书由李倩一负责统稿、审稿。本书的编写分工如下：

项目1：北京社会管理职业学院 李倩一；

项目2：北京社会管理职业学院 崔杰；

项目3：北京社会管理职业学院 赵莲；

项目4：北京社会管理职业学院 李倩一、崔鹏飞；

项目5：北京社会管理职业学院 王晓玫、赵天；

项目6：北京社会管理职业学院 王楠；

项目7：北京社会管理职业学院 张若愚。

本书收录了北京社会管理职业学院2017级婚庆专业刘志超、王康妮、于慧、邱婷、叶巧真五位同学的色彩作品，在此表示感谢。另外，在编写本书过程中，编者参阅了大量的资料，吸收了艺术学、色彩学、婚礼庆典服务、民俗学、美学等各方面专家的研究成果，在此一并表示感谢。

本书对婚礼色彩设计与婚礼各项服务内容的理论和实务进行了有益的研究和探索。但是由于编者的水平有限，书中难免有疏漏、不足之处，期望广大读者提出宝贵意见，以便本书再版时更正。

李倩一 赵莲

2018 年 5 月 28 日

目/录

项目 1
掌握色彩的基础理论

![icon] **学习目标**

通过本项目的学习，应该能够：

1. 掌握色彩的三要素和三原色的含义与特性；
2. 掌握色彩的混合方法；
3. 掌握色相环的绘制方法；
4. 掌握色彩的三大研究体系；
5. 掌握色彩的表述方法和相关因素。

![icon] **项目概览**

掌握色彩的三要素、三原色、生成及混合方法；掌握色相环和色立体的原理和作用；掌握影响色彩的相关因素和表述方法。为了实现教学目标，需要完成三项任务：混合生成新颜色、绘制十二色相环、色彩的表现与表述。

![icon] **核心技能**

1. 掌握色彩的混合方法；
2. 掌握色相环的绘制方法；
3. 掌握色彩的表述方法。

![icon] **理论知识**

知识点 1　色彩的基础知识

古人云：远看颜色近看花。例如，"日出江花红胜火，春来江水绿如蓝""两个黄鹂鸣翠柳，一行白鹭上青天""日色冷青松""万绿丛中一点红"。那么，究竟什么是色彩呢？色彩又是如何产生的呢？

1.1　色彩的产生

我们生活在一个多彩的世界里。白天阳光明媚，色彩争奇斗艳；夜晚漆黑一片，人们什么色彩也感觉不到，甚至连物体的外形也分辨不清。这些事实告诉我们：没有光就没有色，光是人们感知色彩的必要条件，色来源于光。

1.1.1　光的传播

光是色的源泉，色是光的表现。为了了解色彩产生的原因，首先必须对光做进一步的了解。

光在传播过程中有直射、反射、透射、漫射、折射等现象。

1. 直射

光直射时直接传入人眼，视觉感受到的是光源色。

2. 反射

当光源照射物体时，光从物体表面反射出来，人眼感受到的是物体表面的色彩。

3. 透射

透射是入射光经过折射穿过物体后的出射现象。当光照射时，如遇玻璃之类的透明物体，人眼看到的是透过物体的穿透色。

4. 漫射

光在传播过程中，受到物体的干涉时，则产生漫射，对物体的表面色有一定影响。

5. 折射

光通过不同物体时产生的方向变化称为折射，反映至人眼的色光与物体本身的颜色相同。

但是只有光，我们还是接收不到色彩的信息，还需要人类的视觉感受，客观世界通过人的视觉器官形成信息。色彩就是因可见光的作用，通过人的视觉系统而产生的视觉现象。

1.1.2　波长和振幅

光是以波动的形式进行直线传播的，具有波长和振幅两个因素。波长决定了光的颜色，振幅决定了光的强度；波长相同而振幅不同，则会导致色彩明暗的不同。

1. 波长的长短

波长的长短不同会产生色相的区别；波长短的偏蓝，波长长的偏红。

2. 振幅的强弱

振幅的强弱不同会产生明暗的区别；振幅强的偏亮，振幅弱的偏暗。

3. 可见光谱

可见光谱是人的视觉可以感受的光谱，波段在 380 ～ 780 nm 范围。其中波长在 400 ～ 750 nm 之间的光就是一般人类眼睛可感知的可见光范围。

在可见光谱范围内，不同波长的辐射会引起人们的不同色彩感觉。英国科学家牛顿在 1666 年发现，太阳光经过三棱镜折射，然后投射到白色屏幕上，会显出一条像彩虹一样美丽的色光带谱，依次接临的是红、橙、黄、绿、青、蓝、紫七色。不同颜色的光波长也不相同：可见光中，波长最长的是红色光，最短的是紫色光。可见光光谱图如图 1-1 所示。

←—— 光的波长nm ——→

400　450　480 500　540　580　620　750

图 1-1　可见光光谱图

因此，色彩的产生是由光、眼和脑三部分共同作用的结果。光源色照射到物体时，变成反射光或透射光，之后再进入人眼，人眼又通过视觉神经将刺激传达到大脑，从而产生了色的感觉，这便是色彩产生和形成的过程。

1.2　色彩的三要素

在色彩理论里，任何色彩都是由三种要素组成的，即色相、明度、纯度，这三要素又被称为色彩的三个属性。色彩三要素是用以区别色彩性质的标准，可以从这三个方向去把握和分析色彩，从而培养系统化、科学化的思维方法。

1.2.1　色相（H）

1. 色相的定义

色相（Hue）是指色彩的"相貌"，确切地说是指不同波长的光给人带来的不同的色彩感受。色光的相貌是依波长来划分的。可见色光的波长不同，给眼睛的色彩感觉也不同，每种波长的色光被感知为一种色相。[①] 不同波长的光，给人以不同的色觉，如图 1-2 所示。

图 1-2　不同的色相

2. 色相的特性

色相是色彩彼此区别的最主要、最基本的特征，是区别各种不同色彩的最准确的标准。

色相差别是由光波波长长短不同而导致的，即便是同一类颜色，也能分为几种色相，如黄颜色可以分为中黄、土黄、柠檬黄等。事实上，除黑、白、灰以外的颜色都有色相的属性，而色相是由原色、间色和复色构成的。研究表明，人的眼睛能够分辨只相差百万分之一波长的两种光波，能够分辨太阳光谱中的 180 种不同的色彩。苏联著名心理学家鲁利亚指出"人眼能感受几百万种颜色的细微差别"。凯保罗和麦克丹尼尔也指出，世界上的可辨色彩有七百万种，尼克尔松（D.Nicholson）和纽霍尔（S.Newhall）1943 年称人可辨别的色彩有数万种至数十万种。[②]

①　佚名. 包装色彩学. 光电迷 [EB/OL]. http://www.oefan.com/Paraphrase/shi4/200902/3429.html.
②　伍铁平. 论颜色词及其模糊性质 [J]. 语言教学与研究，1986，（2）：88.

1.2.2   明度（B）

1. 明度的定义

明度（Bright）是指色彩的明亮程度，又称亮度、深浅程度。光波的振幅愈大，色光的明度越高；光波的振幅愈小，色光的明度越低。不同的明度如图 1-3 所示。

图 1-3   不同的明度

2. 明度的特性

明度的特性有：

① 消色类色彩，即黑、白、灰无色相之分，只有明度的区别。明度最高的是白色，最低的是黑色。

② 彩色类色彩，如红、橙、黄、绿、蓝、紫六色比较，黄色明度最高，仅次于白色，紫色的明度最低，与黑色相近。

1.2.3   纯度（C）

1. 纯度的定义

纯度（Chroma）是指颜色的鲜浊程度、纯粹程度，又称饱和度或彩度。它是表示颜色中所含某一色彩的成分比例。纯度常用高低来描述，纯度越高，色越纯、越艳；纯度越低，色越涩、越浊。不同的纯度如图 1-4 所示。

图 1-4   不同的纯度

2. 纯度的特性

（1）标准色

以阳光的光谱色为标准，越接近光谱色，纯度就越高。光谱中达到极限程度的颜色，称为标准色，又称正色，标准色是纯度最高的一级。在人类视觉所能感受到的色彩范围内，绝大部分都是含灰的颜色，所以说真正的标准色只存在于色彩理论中。

（2）纯度与明度

可见光谱中的各种单色光是最纯的颜色。当一种颜色中混入黑、白或其他颜色时，色的纯度会发生变化。当混入白色时，色的明度提高，纯度降低；当混入黑色时，色的明度降低，纯度也降低。

1.3   色彩的分类

人们所看到的千千万万种色彩都是由不等量的三种基本色混合而成。这三种基本色就是原色，原色因为生成方式的不同，又可分为色光三原色和色料三原色。

1.3.1　原色

原色又称一次色，是指无法通过其他色彩混合产生的色彩。这类色彩共有三种，其他色彩可由这三种色彩按照一定的比例混合产生，色彩学上将这三种独立色称为原色。

1. 色光三原色

色光三原色又称叠加型三原色，分别是红色（Red）、绿色（Green）、蓝色（Blue）。

人们的眼睛是根据所看见的光的波长来识别颜色的，可见光谱中的大部分颜色可以由三种基本色光按照不同的比例混合而成，这三种光以相同的比例混合且达到一定的强度，就呈现白色；若三种光的强度均为零，就是黑色（黑暗）。色光三原色及所生成的色彩多被广泛应用于电视机、监视器等主动发光的产品中，色光三原色如图 1-5 所示。

图 1-5　色光三原色

2. 色料三原色

色料三原色又称消减型三原色，理论上色料三原色是指青色（Cyan）、品红色（Magenta）和黄色（Yellow）。然而在实际运用中，色料三原色通常被红色、黄色和蓝色所代替。色料三原色多被用于打印、印刷、油漆、绘画等靠介质表面的反射而被动发光的物质，色料三原色如图 1-6 所示。

图 1-6　色料三原色

1.3.2　间色

间色又称二次色。在色彩理论中，间色是三原色中两两等量组合而产生的色彩。

1. 色光的间色

色光的间色是黄色、品红色、青色。其中，黄色是等量的红色和等量的绿色组合而得；品红色是由等量的红色和等量的蓝色组合而得；青色是由等量的绿色和等量的蓝色组合而得。

2. 色料的间色

色料的间色是橙色、绿色、紫色。其中，橙色是由等量的黄色和等量的红色而得；绿色是由等量的黄色和等量的蓝色组合而得；紫色是由等量的红色和等量的蓝色而得。

1.3.3　复色

复色又称三次色，是指用任何两个间色或三个原色相混合而产生的颜色。因为含有三原色，所以含有黑色成分，纯度低。

1. 色光的复色

色光三原色相混合得到的复色是明度很高的白光。

2. 色料的复色

色料三原色相混合得到的复色是明度很低的黑色。

另外，原色、间色和复色三类色彩在纯度上呈现递减关系，通常情况下，原色的纯度最高，间色次之，复色的纯度最低。

知识点 2　色彩的生成原理

自然界中的各种色彩和婚礼所采用的色彩是如何生成的呢？在了解了色彩的基本知识后，就需要分析色彩生成的原理和方法，这对于婚礼色彩的设计和应用有着十分重要的意义。

2.1　色彩的混合

将两种或多种色彩互相混合，造成与原有色不同的新色彩称为色彩的混合。它们可归纳为色光加色混合法、色料减色混合法、空间混合法三种类型。

2.1.1　色光加色混合法

1. 色光加色混合法的含义

色光加色混合法即色光混合，又称第一混合，是指由两种或两种以上的色光照射在一起，通过人的视网膜而在大脑中生成另一种新色光的方法。

其中，随着色光混合量的变化，可以生成各种不同的新色光。

2. 色光加色混合法的特征

色光加色混合法产生的效果是由人类的视觉器官来完成的，是一种视觉混合。

色光加色混合法混合后的结果是新色光的亮度会提高，新色光的总亮度等于相混各色光亮度之和，这一定律是亮度相加律。

色光加色混合法广泛应用于舞台灯光照明及影视、计算机设计等领域。

2.1.2　色料减色混合法

1. 色料减色混合法的含义

色料减色混合法即色料混合，又称第二混合，是指在光源不变的情况下，由两种或多种色料混合后生成新色料的方法。

2. 色料减色混合法的特征

色料减色混合法混合的结果是新色彩的明度和纯度会降低，并且混合的色彩种类越多，新色彩就越暗越浊，最后得到的色近似于黑灰的状态。

色料减色混合法一般用于绘画、设计、染色、粉刷等色彩调和的情况。

3. 色光加色混合法与色料减色混合法的关系

色光加色混合法是色光混合生成新色彩的方法，新色彩与原混合色光不同，新色彩的亮度较原混合色增加；色料减色混合法是色料混合生成新色彩的方法，新色彩较原混合色料的亮度降低。色光加色混合法与色料减色混合法的联系与区别如表 1-1 所示。

表1-1　色光加色混合法与色料减色混合法的联系与区别

混合方法	色光加色混合法	色料减色混合法
原色	色光三原色	色料三原色
原色色相	红、绿、蓝	品红、黄、青
间色、复色混合规律	红＋绿＝黄 蓝＋红＝品红 绿＋蓝＝青 红＋绿＋蓝＝白	品红＋黄＝红 品红＋青＝蓝 黄＋青＝绿 品红＋黄＋青＝黑
混合效果	新色彩的亮度为各光的亮度和，纯度饱和	新色彩的亮度降低，纯度降低
用途	彩色电视、剧场照明等虚拟色彩空间	彩色印刷、颜料、涂料等真实环境

2.1.3　空间混合法

1．空间混合法的含义

空间混合法又称第三混合或并置混合。将不同的颜色并置在一起，当它们在视网膜上的投影小到一定程度时，不同的色彩刺激就会同时作用到视网膜上邻近部位的感光细胞，以致眼睛很难将它们独立地分辨出来，就会在视觉中产生色彩的混合。

2．空间混合法的特征

空间混合法的特征有：

① 空间混合中的色彩实质上并没有真正混合，而只是反射光的混合。

② 空间混合所形成的视觉效果在不同距离下看到的是不同的色彩效果。

③ 空间混合生成的新色彩的明度位于各混合色的中间明度。

3．空间混合法的条件

混合色应是细点或细线，排列愈密集，混合效果愈明显，同时必须在一定的视觉距离之外，才能产生混合良好的视觉效果。

2.2　色彩的体系

古今中外的色彩研究者从来没有停止对色彩的分析和研究，他们从中总结和归纳了实用、便捷的色彩规律，由于不同的研究方式和理论观点，形成了不同的研究体系，但在这些色彩研究体系中，色相环是最基础和最核心的原理。

2.2.1　色相环

通过把纯色色相的距离进行均等的分离分隔，可做出六色色相环、十二色色相环、二十四色色相环等。而色相环中蕴含着色相的序列及色相间的相互关系，如三原色、三间色、邻近色、对比色、互补色等。十二色相环如图 1-7 所示。

图 1-7　十二色相环

1. 十二色相环中的色彩

十二色相环是由原色、二次色和三次色组合而成，即包含了间色和复色。

三原色是红色、黄色、蓝色，在环中形成一个等边三角形；二次色是橙色、紫色、绿色，处在三原色之间，形成另一个等边三角形。

红橙、黄橙、黄绿、蓝绿、蓝紫和红紫六色为三次色，三次色是由原色和二次色混合而成。井然有序的色相环能让使用者清楚地看出色彩平衡、调和后的结果。

2. 十二色相环中的色彩关系

（1）同类色

色相环中相距30°范围内的色彩，或色相相同而明度不同的颜色，或以某一色相为主，又分别包含微量的其他颜色，称为同类色。

（2）邻近色

色相环中相距30°~60°范围内的色彩，互为邻近色。邻近色的搭配非常柔和、单纯、沉着，给人以含蓄、平静又耐人寻味的感觉。

（3）对比色

色相环中相距120°~180°之间的色彩，被称为对比色。此类色彩显得非常强烈、艳丽，可以渲染绚丽、愉快、活泼的气氛。

（4）补色

色相环中相隔180°的色彩，即处于通过圆心的直径两端的位置颜色，互为补色。

常见的三组补色为：红色与绿色、橙色与蓝色、黄色与紫色。

（5）色性

色性是指色彩的冷暖倾向。由于色相的不同容易产生色彩冷暖感觉和联想。在色相环上红、橙、黄属暖色；蓝属冷色；绿、紫为中间色。

2.2.2 色调

色调是色彩的大面积基调或倾向，是由色彩的明度、纯度和色相三要素综合形成的，其中某种因素起主导作用，就可以称为某种色调，如红调、蓝调、冷调、暖调、灰调、高调、低调等。

1. 色调的分类

色调按明度划分为深色调、中色调、浅色调。深色调给人以老练、充实、古雅、朴实、强硬、稳重、男性化的感觉；中色调给人以随和、朴实、大方、稳定的感觉；浅色调给人以干净、明亮、女性化的感觉。

色调按纯度划分为鲜色调和灰色调。鲜色调让人感觉生动、华丽、兴奋、自由、积极、健康；灰色调让人感觉高雅、大方、沉着、古朴、柔弱。

色调按色性划分为暖色调与冷色调。红色、橙色、黄色为暖色调，象征着太阳、火焰。蓝色为冷色调，象征着森林、大海、蓝天。黑色、紫色、绿色、白色为中间色调；暖色调的亮度越高，其整体感觉越偏暖，冷色调的亮度越高，其整体感觉越偏冷。

2. 五大常见色调

色调倾向大致可归纳成鲜色调、灰色调、深色调、浅色调、中色调等。

（1）鲜色调

在鲜色调画面中，必须与无彩色的黑、白、灰及金、银等光泽色相配，在高纯度、强对比的各色相之间起到间隔、缓冲、调节的作用，以达到既变化又统一的积极效果。给人生动、华丽、兴奋、自由、积极、健康的感觉。

（2）灰色调

在灰色调画面中，于各色相之中调入不同程度、不等数量的灰色，使大面积的总体色彩向低纯度方向发展。为了加强这种灰色调倾向，最好与无彩色特别是灰色组配使用，可给人高雅、大方、沉着、古朴、柔弱的感觉。

（3）深色调

在深色调画面中，首先考虑多选用低明度色相，如蓝、紫、蓝绿、蓝紫、红紫等，然后在各色相之中调入不等数量的黑色或深白色，同时为了加强这种深色倾向，最好与无彩色中的黑色组配使用，可给人老练、充实、古雅、朴实、强硬、稳重、男性化的感觉。

（4）浅色调

在浅色调画面中，首先考虑多选用高明度色相，如黄、橙、橙黄、黄绿等，然后在各色相之中调入不等数量的白色或浅灰色，同时为了加强这种浅色调倾向，最好与无彩色中的白色组配使用。

（5）中色调

中色调是一种使用最普遍、数量最多的配色倾向，于各色相中都加入一定数量黑、白、灰色，使大面积的总体色彩呈现不太浅也不太深、不太鲜也不太灰的中间状态。给人的感觉随和、朴实、大方、稳定。

3. 色调的心理联想

鲜明色调：华丽、鲜艳；

明色调：清澄、明丽；

强烈色调：与鲜明色调相比，略带浊味；

黑色调：坚硬、深沉，具有沉稳感；

暗色调：与深色调相比，略显暗重、稳定、深沉；

深色调：与强烈色调相比，略显深暗、浓重、厚实；

暗灰色调：接近黑色，但具严肃、细密感；

中灰色调：中性、稳定、枯萎、含混，具有端庄感；

灰色调：含蓄、细腻；

浅灰色调：与粉色调相比，稍暗、朴素、单纯；

浅色调：介于粉、明色调之间，朦胧微妙；

粉色调：含有较多的粉色，柔和、纤细；

白色调：清朗、透明，具有现代感。

色彩来自于生活，只有在生活中观察、研究、表现色彩，才能孕育出新颖感人的色调，并逐步形成个人的色彩风格。

2.2.3　色立体

随着科学技术的发展，人们认识到色彩应是立体的三次元。美国数学家梦亚于 1745 年构想了颜色图谱，做出了最早的色立体。

1.　色立体的含义

所谓色立体，是色相、明度和饱和度在三维空间里的表示，即把色彩的三属性系统地排列组合成一个立体形状的色彩结构。

色立体透视图如图 1-8 所示。垂直轴用明度表示，上端是白色，下端是黑色，中间是过渡的各种灰色；圆周用色相表示；半径用纯度表示。在色立体中，色相、明度和纯度发生变化从而表示不同的颜色。

色立体基本上可以为人们提供全部的色彩体系，对于整体色彩的整理、分类、表示、记述，以及色彩的观察、表达及有效应用，都有很大的帮助。

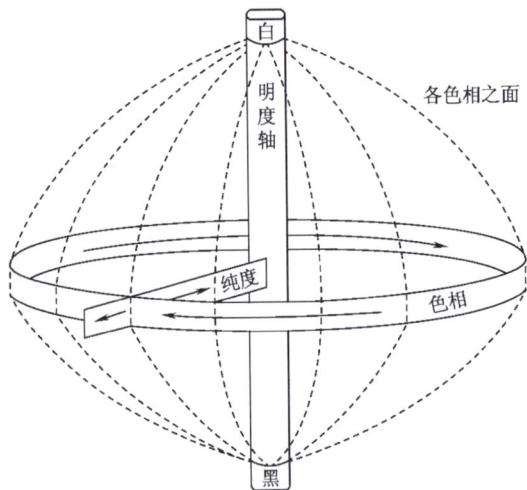

图 1-8　色立体透视图

2.　三大色彩体系

目前有三个常用的国际标准色彩体系：美国的蒙塞尔色彩体系（MUNSELL）、德国的奥斯特瓦尔德色彩体系（OSTWALD）、日本色彩研究所色彩体系（Practical color-ordinate System，PCCS）。各国的色彩体系都使用了色立体来表示色彩关系。色立体虽因发展时间前后不一而形成其体系的差异性，但大都以色相、明度、纯度三属性为基本构架。

色彩研究体系能使人们更好地掌握色彩的科学性、多样性，使复杂的色彩关系在头脑中形成立体的概念，为更全面地应用色彩、搭配色彩提供依据。

2.3　色彩的描述

在生活中，人们经常使用多种名称来描述色彩，如红色，就有大红、粉红、橙红、桃红、砖红、玫瑰红、樱桃红、石竹红、洋红等多种分类，还常在前面冠以鲜、淡、深、浅、暗等描述语，表述越详细，所指向的色彩就越明确。

2.3.1　影响色彩的因素

色彩存在于人们生活的各个环境中，人们在周围的世界中凭视觉器官就能看出物象的各种颜色。作为专业的婚庆人员对色彩不仅要有敏锐的感觉，而且要有极其精细的观察，并根据色彩的规律进行思考，苦心推敲与经营，寻找贴切的、能体现创作内容的色彩语言，有意识地组织加工，运用艺术法则进行整体的创作，表达出内心的体验，形成对色彩的内省情感和情绪，并将它明确而集中地表现出来。深入地感知色彩的艺术语言，需要人们分析和了解影响色彩的一些因素。

1. 物体色

物体对光的选择性吸收是物体呈色的主要原因。人们说"花是红色的"，是因为它吸收了白色光中 400 ～ 500 nm 的蓝色光和 500 ～ 600 nm 的绿色光，而仅仅反射了 600 ～ 700 nm 的红色光。花本身没有色彩，光才是色彩的源泉。如果红色表面用绿光来照射，那么就呈现黑色，因为绿光波长的辐射能被全部吸收了，它不包含可反射的红光波长。可见，物体在不同光谱组成的光的照射下，会呈现出不同的色彩。

因为物体本身不发光，而是从被照射的光里选择性吸收了一部分光谱波长的色光，而反射（或透过）剩余的色光，人们所看到的色彩是剩余的色光，这就是物体的颜色，简称物体色。

日常生活中看到的任何物体，都对色光具有选择性的吸收、反射或透射的本能。当白光照射到不同的物体上，由于物体固有的物理属性不同，一部分色光被吸收，另一部分色光被反射，就呈现出千差万别的物体色彩。

2. 固有色

由于物体在相同的条件下具有相对不变的色彩差别，人们习惯把白色阳光下物体呈现出来的色彩效果总和称为"固有色"。

影响"固有色"的因素有：

① 物体本身的差异。

② 光线照射的角度：固有色一般在间接光照射下比较明显，在直接光照射下就会减弱，在背光情况下会明显变暗。

③ 物体本身的结构特点：反光差的物体的固有色比较明显，反光强的物体的固有色比较弱。

④ 表面状况：平面物体的固有色比较明显，曲面物体的固有色比较弱。

⑤ 距离视点的位置：离视点近的物体固有色比较明显，离视点远的物体固有色较弱。

3. 光源色

自身能够发光的物体称为光源。光源可分为两种：一种是自然光，主要是阳光；一种是人造光，如灯光、蜡烛光等。各种光源发出的光，由于光波的长短、强弱、比例性质不同，形成了不同的色光，都称为光源色。同一物体在不同的光源下，呈现不同的色彩。光源色在色彩关系中是起支配地位的，是影响物体色彩的重要因素。光源色的变化，势必影响物体的色彩。

颜色能够根据照射光源的性质而发生变化，它随着光的强弱、光距离的远近、媒质的变化等有所不同。当光源色彩改变时，受光物体所呈现的颜色也随之发生变化。

光源色对物体色的影响主要表现在物体的光亮部位，特别是表面光滑的物体，如陶瓷、金属、玻璃等器皿上的高光，往往是光源色的直接反射。

4．环境色

环境色是指描绘对象所处的环境的色彩。任何物体若放在其他有色物体中间，必然会受到周围邻近物体的颜色（即环境色）的影响。环境色对物体色的影响在物体的暗部表现得比较明显。

物体基本色彩由光源色、固有色与环境色三者共同构成，并且由于三者作用的此强彼弱，产生了物体各部分色彩的差异。

5．方向的差别

由于色彩会受光照角度的影响，对于精确的色彩交流，对某物的观察角和照明角必须保持恒定。

6．尺寸的差别

由于覆盖尺寸的不同，在大面积上覆盖的色彩看起来比实际色值更明亮、更鲜艳，这也就是所谓的面积效应。

7．色彩与肌理

色彩相同、材质不同的物体，受光照的影响力不同，最终呈现在人眼中的色彩也不同。

8．观察者的差别

人与人之间的视觉灵敏度是有微小差别的，甚至色视觉正常的人，对红或蓝仍可能有所偏倚。同时，一个人的视力通常随年龄的增大而改变。由于这些因素，各种颜色在不同的人看来是不一样的。

2.3.2　色彩的命名

虽然人类可识别的颜色上百种，但语言中的颜色名称却十分有限。单纯词不过几十种，如红、黄、绿、蓝、紫、灰、黑、白等。颜色词多半用加修饰语的方式表述，如浅红、浅绿、黄绿、深红、咖啡棕、苹果绿、天蓝等。更多的颜色在语言中没有恰当的表述方式。有科学家统计，自然语言中表示颜色名称的词有四千个左右，约五百个是表示紫、绿、蓝这个范围内的色彩。法国罗伯尔主编的法语词典列出了 191 个颜色词，其中表示白色各种色彩的词 20 个，表示蓝色各种色彩的词 15 个，表示棕色各种色彩的词 47 个，表示灰色各种色彩的词 10 个，表示黄色各种色彩的词 20 个，表示黑色各种色彩的词 6 个，表示红色各种色彩的词 36 个，表示玫瑰红各种色彩的词 9 个，表示橘黄各种色彩的词 8 个，表示绿色各种色彩的词 11 个，表示紫色各种色彩的词 9 个。[①]

1．系统命名法

（1）消色类

消色类色彩是指由白、灰、黑等一系列无彩色构成的色彩。白黑系列是由白色渐变至浅灰、中灰，再到深灰，最后到黑色；纯白是理想的完全反射的物体，其光反射率等于 1；纯黑是理想的无反射的物体，其光反射率等于 0。

越接近白色，明度越高；越接近黑色，明度越低。

命名规则：色名 = 色调修饰语 + 消色基本色名。

色调修饰语：带红的、带黄的、带绿的、带青的、带紫的。

---

① 伍铁平.论颜色词及其模糊性质［J］.语言教学与研究，1986，（2）：88.

消色基本色名分为五个等级：白色、明灰色、灰色、暗灰色、黑色。

（2）彩色类

命名规则：色名 = 色调修饰语 + 明度及饱和度修饰语 + 彩色基本色名。

色调修饰语：一般不能修饰该色调的相反色和相同色调的基本色名。例如，带红的青色是不存在的，带青的红色也是不合理的。

彩色基本色名：红、黄红、黄、黄绿、绿、青绿、青、青紫、紫、红紫共 10 种色彩。

2. 习惯命名法

以植物的花、茎、叶及果实的色彩来命名，如玫瑰红、草绿、橄榄绿、苹果绿、橘红等；以动物的特色来命名，如鹅掌黄、蟹青、孔雀蓝等；以自然界中的天、地、日、月、星辰、山水、矿石、金属的色彩命名，如天蓝、土黄、月灰、水绿、银灰、石绿、翠绿、铅白、石青、石绿等；以染料或颜料色的名称命名：如靛青、甲基红等；以形容色调的深浅、明暗等形容词命名，如朱红、蓝绿、紫灰、明绿、暗蓝、鲜红等。

3. 染料命名法

根据染料化学结构对其进行系统命名。

染料的一般命名方式：冠称 + 色称 + 字尾。

冠称：表示染料根据应用方法或性质分类的名称。

色称：统一规定 30 余个，如嫩黄、黄、深黄、金黄、橙、大红、红、桃红、艳红、玫瑰红、品红、红紫、枣红、紫、翠蓝、湖蓝、蓝、深蓝、艳绿、绿、深绿、黄棕、红棕、棕、深棕、橄榄绿、草绿、灰、黑等。

字尾：用英文字母表示染料的色光、形态、特殊性能和用途等。

4. 色谱表示法

色谱表示法是一种以基本色分量来表示色彩的方法，最通俗易懂，并能以实际色块做参考色样的最直观的表色法。

色谱是以某些颜料为基本色调并按一定比例和形式编排后，组成一个含有一定数量的色块并有规律排列起来的色彩图样。

色谱中的每一块色彩都能标出各种基色的含量，还能给多数色彩冠以人们能理解及接受的习惯名称。

（1）普通色谱

1957 年中国科学院曾出版过一部色谱。色谱分彩色类和消色类两部分，彩色部分用罗马数字Ⅰ～Ⅷ末代表黄、橙、红、品红、紫、蓝、青、绿 8 个基本色。

彩色和消色两部分共计 1 631 个色彩，其中 625 个色彩已命名，其余的色彩以数字符号表示。

（2）特殊行业色谱

特殊行业色谱染料和涂料色谱、商业外贸企业用色样卡、生产企业使用的色谱、ICI 颜色图谱等。

（3）印刷色谱

印刷色谱是一种印刷用的色彩标准，分为四色印刷色谱和专色混色色谱等。

目前，国际上普遍采用美国潘通公司的 Pantone 配色系统（Pantone Matching System，PMS）。PMS 目前使用 15 种标准的基本色，配制出 1 000 种专色。在色谱中每一个色彩组成成分用一个标号标定。

实训项目

任务 1　混合生成新颜色

为了更好、更准确地掌握色彩的混合，需要通过实际操作来调和生成新色彩，真实地体验一下色彩生成和混合的过程。

活动 1　讲解实训要求

教师讲解实训课的教学内容、教学目的。

① 掌握三原色绘画的步骤。

② 理解水的混合对颜料的影响。

③ 掌握间色、复色的生成方法。

活动 2　教师示范

1. 实训工具

工具：水、水粉颜料、调色盘、水粉纸、水桶、毛笔、圆规、铅笔、橡皮等。

2. 绘制草图

草图如图 1-9 所示。

3. 原色涂色

教师首先选择红、黄、蓝三原色将颜料挤在独立的调色盘里，加入适当的水，调匀后涂在相应的圆里，注意更换颜色时，务必保持毛笔干净。

4. 间色混合

将红色与黄色分别涂在相应的圆里，再将两色等量挤在同一个调色格里，加水调匀，涂在生成的间色圆里，得到橙色；将红色与蓝色分别涂在相应的圆里，再将两色等量挤在同一个调色格里，加水调匀，涂在生成的间色圆里，得到紫色；将黄色与蓝色分别涂在相应的圆里，再将两色等量挤在同一个调色格里，加水调匀，涂在生成的间色圆里，得到绿色。

5. 复色混合

将大红色、黄色与蓝色分别涂在相应的圆里，再将三色挤在同一个调色格里，加水调匀，涂在生成的复色圆里，得到黑色。

6. 不等量混合

同样选择红、黄、蓝三原色，两两混合时，加大某种色彩的混合比例进行调和，得到的新颜色在白纸上绘制，效果如图 1-10 所示。

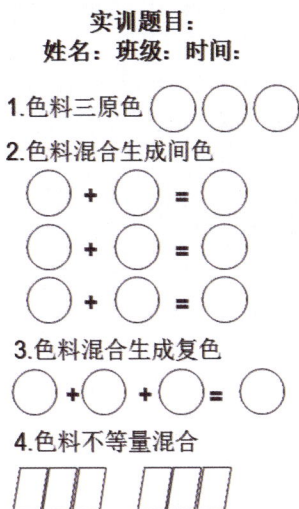

图 1-9　混合生成新颜色草图

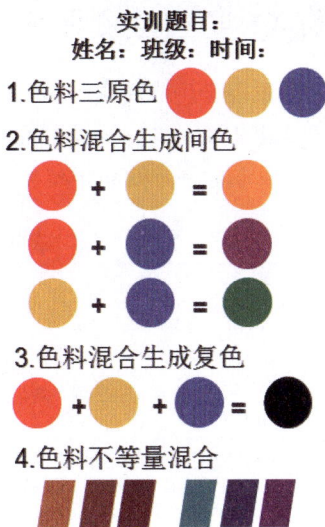

图 1-10　混合生成新颜色效果

活动 3　学生训练、教师巡查

学生按照教师的示范进行练习，并观察混合效果，体会水对颜料生成的影响和不等量混合的原理。

教师随时巡查，指导学生。学生绘制范例如图 1-11 所示。

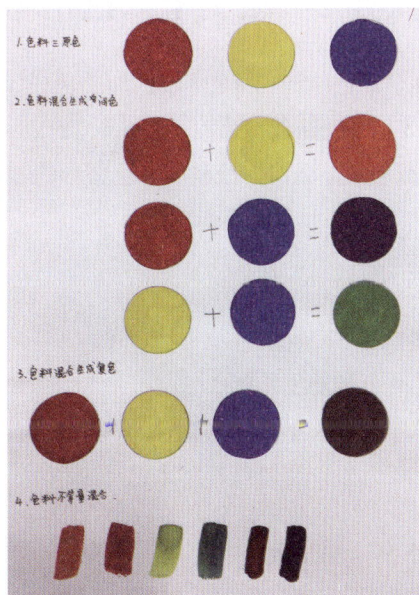

图 1-11　混合生成新颜色（学生作业）

活动4　实训检测评估

教师通过混合生成新颜色实训检测表评估学生实训练习的成果，具体表格如表1-2所示。

在色彩的混合过程中，无论是水的添加还是原色比例的细小变化都会影响生成的新色彩，在练习中，每个同学绘制的色彩都是独一无二的，学生要学会操纵色彩的这种可变性。

表1-2　混合生成新颜色实训检测表

考核项目	考核内容	分 值	自评分（20%）	小组评分（30%）	教师评分（50%）	实得分
草图	绘制格式如图，草图规范	10				
原色	三原色选择正确，混合均匀，涂色精细	10				
间色生成	间色生成的过程正确，尽可能等量调和，没有错误使用成品色，混合均匀，涂色精细	30				
复色生成	复色生成的过程正确，尽可能等量调和，没有错误使用成品色，混合均匀，涂色精细	10				
不等量混合	完成了两组不等量调和，混合均匀，涂色精细	20				
职业素养	按时提交作业，卷面整洁	10				
	保证良好的实训环境，做好卫生清洁	10				
总　分						

任务2　绘制十二色相环

色相环蕴含着原色、间色、复色、补色等色彩关系，从原色起一步步绘制色相环可以亲身体会各种颜色之间的关系。首先以第一次的红（Red）、黄（Yellow）、蓝（Blue）三色为基础，由此三原色配置组合成十二色相环。下面讲解绘制十二色相环的方法与顺序。

活动1　讲解实训要求

教师讲解实训课的教学内容、教学目的。

①掌握色相环里的原色、间色和复色。

②掌握原色、间色和复色之间的关系。

③掌握色相环中的补色、邻近色、类似色和对比色等关系。

活动2　教师讲解绘制过程并示范

1. 实训工具

工具：水粉颜料、调色盘、水粉纸、水桶、毛笔、圆规、三角板、刻度尺等。

2. 绘制草图

绘制同心环，并使用量角器，将同心圆平分为 12 份，如图 1-12 所示。

3. 填充三原色

必须采用正确而纯粹的原色，即不含任何其他调的红、黄、蓝。将这三种原色涂于正三角形之中，黄在顶端，红和蓝各涂于右下及左下两部位，如图 1-13 所示。

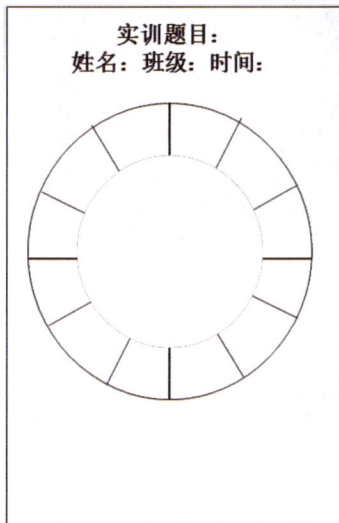

图 1-12 绘制十二色相环草图

图 1-13 绘制十二色相环——三原色

4. 填充三间色

使用原色两两混合得到新颜色，此颜色为间色，填涂在每两个原色中间的空格里，如图 1-14 所示。

黄＋红＝橙

黄＋蓝＝绿

红＋蓝＝紫

这三种二次色必须细心混合调配，不可偏于任一种一次色，如橙色偏红或偏黄、紫色偏红或偏蓝都不适合。

5. 填充六种复色

使用原色与间色两两混合得到新颜色，此颜色为复色，填涂在两个混合色中间的空格里，如图 1-15 所示。

黄＋橙＝黄橙   黄＋绿＝黄绿

红＋橙＝红橙   青＋紫＝青紫

红＋紫＝红紫   青＋绿＝青绿

图 1-14　绘制十二色相环——三间色

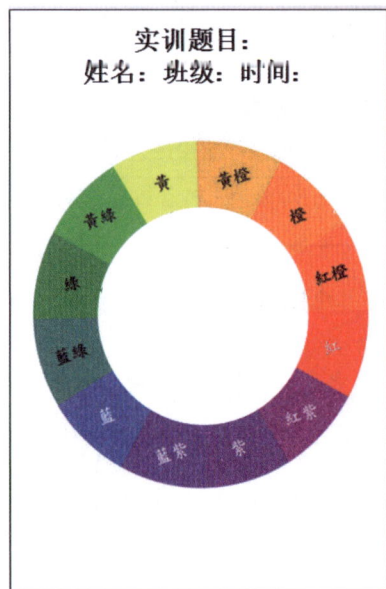

图 1-15　绘制十二色相环——六种复色

活动 3　学生训练、教师巡查

学生按照教师的示范进行绘制，以小组为单位进行互评，并选出代表进行作品展示。

教师随时巡查，指导学生。学生绘制作品范例，如图 1-16 所示。

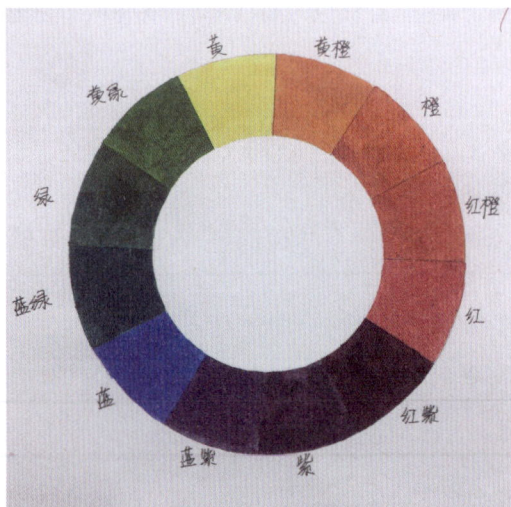

图 1-16　绘制十二色相环（学生作业）

活动 4　实训检测评估

教师通过绘制十二色相环实训检测表（见表 1-3）评估学生实训练习的成果。

表1-3　绘制十二色相环实训检测表

考核项目	考核内容	分值	自评分（20%）	小组评分（30%）	教师评分（50%）	实得分
草图	绘制格式如图，草图规范	20				
原色	三原色选择正确，混合均匀，涂色精细	10				
间色	间色生成的过程正确，尽可能等量调和，没有错误使用成品色，混合均匀，涂色精细	20				
复色	复色生成的过程正确，尽可能等量调和，没有错误使用成品色，混合均匀，涂色精细	30				
职业素养	按时提交作业，卷面整洁	10				
	保证良好的实训环境，做好卫生清洁	10				
总　分						

　　由上所述，就可以设计出正确的十二色相环，在这个色相环之中，任何色相，都具有不纷乱、不混淆的明确位置。这种色相环的色相顺序，与彩虹或自然光线分光后产生的色带顺序完全相同。

任务 3　色彩的表现与表述

　　准确地表示色彩是婚庆服务人员与客户和婚庆团队沟通色彩的重要一步，错误的表达或有异议的表述会导致后期色彩实施过程的返工，因此，在看到一种色彩时，能进行有效表达十分重要，为此需要进行以下训练。

活动 1　讲解实训要求

　　教师讲解实训课的教学内容、教学目的。
　　① 掌握影响色彩的相关因素。
　　② 掌握不同光线对色彩的影响。
　　③ 理解不同人看到的色彩有所不同。

活动 2　教师展示并示范

　　教师在日常光线下放置一个苹果，教师演示并绘制苹果及苹果的阴影等周边环境；要求学生观察并按照自己看到的色彩绘制苹果。
　　不同人眼中的苹果可能不尽相同，如图 1-17 所示。绘制过程中不必苛求苹果的相似程度，重点要求学生绘制的苹果表面丰富的色彩关系。

图 1-17　不同人眼中的苹果

活动3　学生训练、教师巡查

学生按照教师的示范进行绘制，以小组为单位进行对比，并回答每个人眼中苹果色彩差异的原因，由此体会影响色彩的相关因素有哪些，并提供正确、准确的表述色彩的方法——使用专业色卡。

教师随时巡查，指导学生。

活动4　实训检测评估

教师通过色彩的表现与表述实训检测表（见表1-4）评估学生的实训练习的成果。

表1-4　色彩的表现与表述实训检测表

考核项目	考核内容	分值	自评分（20%）	小组评分（30%）	教师评分（50%）	实得分
绘制效果	色彩丰富、个性	50				
分析原因	清晰分析影响色彩表述的相关因素	30				
解决方法	正确说明色卡或色谱的使用方法	20				
总　　分						

每个人看到的色彩都是不同的，同一种色彩受光线、面积、对比色的影响也会产生视觉变化，如何在今后的专业交流中减少色彩的异议、减少误差，使用色卡或色谱进行唯一色彩的指定是一种相对规范的方法。

项 目 小 结

1. 色相（Hue）是指色彩的"相貌"，确切地说是指不同波长的光给人的不同的色彩感受。明度（Bright）是指色彩的明亮程度。明度对光源色来说可以称光度；对物体色来说，除了称为明度之外，还可称为亮度、深浅程度等。纯度（Chroma）又称饱和度（Saturate）、鲜艳度、彩度，它是表示颜色中所含某一色彩的成分比例，即颜色的鲜浊程度、纯粹程度。

2. 原色（一次色）：是指无法通过其他色彩混合产生的色彩，这种色彩共有三种，而其他色彩可由这三种色彩按照一定的比例混合出来，色彩学上将这三种独立的色称为原色。色光三原色为红、绿、蓝；色料三原色为红、黄、蓝。间色（二次色）：是指三原色中每两组相配而产生的色彩。色光的间色为黄、品红、青；色料的间色为橙、绿、紫。由三个原色混合出的新色称为复色，原色和不包含该原色的间色混合或两间色相加，也可以生成复色。复色又称第三次色，它的种类很多，纯度较低，色相也不鲜明。

3. 凡两种色光相加呈现白色光，两种色料相混合呈现灰黑色，则这两种色光或颜色即为互补色。常见的三组补色为：红与绿、橙与蓝、黄与紫。色调是色彩运用上的主旋律、大面积的色彩倾向，它是根据色彩的基本属性、冷暖关系、构图形式而形成的综合性主体，色调可以按色彩的明度、纯度、色相及冷暖和对比分类。

4. 由于物体在相同的条件下具有相对不变的色彩差别，人们习惯把日光下物体呈现出来的色彩效果总和称为"固有色"。由各种光源发出的光，由于光波的长短、强弱、比例性质不同，形成了不同的色光，称为光源色。环境色是指被描绘对象所处的环境的色彩。

核 心 概 念

色相；明度；纯度；原色；间色；复色；色调；补色；固有色；光源色；环境色。

能 力 检 测

1. 色彩的三要素是什么？
2. 色彩的原色、间色和复色是什么？
3. 色调与补色的含义及分类是什么？
4. 简述固有色、光源色与环境色的含义及关联。

项目 2
了解色彩的情感与联想

学习目标

通过本项目的学习，应该能够：

1. 理解色彩的心理暗示与情感价值；
2. 掌握色彩运用产生的联想。

项目概览

本项目阐述了色彩的情感感受，即色彩的温度感、色彩的胀缩感、色彩的距离感、色彩的轻重感、色彩的软硬感、色彩的兴奋与冷静感、色彩的华丽与朴素感、色彩的积极与消极感等。色彩具有心理性质，不同的色彩会影响人们的情绪、性情和行动，因而不同的色彩具有不同的情感特征。为了实现教学目标，需要完成两项任务：色彩的情感象征实训、色彩的联想实训。

核心技能

1. 掌握色彩感知能力；
2. 掌握色彩应用能力。

理论知识

知识点 1　色彩的情感

日常生活中，人们往往喜欢用色彩来表达自身的情感和对外在世界的感受，如开门红、蓝色星期一、灰色空间等。色彩与情感具有紧密的联系，人的色彩感觉信息传输途径是光源、彩色物体、眼睛和大脑，它是人们色彩感觉形成的四大要素。这四个要素不仅使人产生色彩感觉，而且也是人能正确判断色彩的条件。在这四个要素中，如果有一个不确实或者在观察中有变化，人们就不能正确地判断色彩及色彩产生的效果。通过这样一个由外而内的感知过程，外在的色彩就与内在的心理情感连接起来。

1.1　色彩的情感研究概述

色彩对人的头脑和精神的影响力是客观存在的，色彩的知觉力、色彩的辨别力、色彩的象征力与感情。这些都是色彩心理学上的重要问题。

色彩的直接心理效应来自色彩的物理光刺激对人的生理产生的直接影响。心理学家对此曾做过许多实验。他们发现，在红色环境中，人的脉搏会加快，血压有所升高，情绪兴奋冲动。而处在蓝色环境中，脉搏会减缓，情绪也较沉静。也有科学家发现，色彩能影响脑电波，脑电波对红色的反应是警觉，对蓝色的反应是放松。自 19 世纪中叶以后，心理学已从哲学转入科学的范畴，就色彩学领域来说，心理学家注重实验所验证的色彩心理的效果。

曾有人举例说，泰晤士河上的黑桥，跳水自杀者比其他桥多，将黑桥改为绿色后自杀者就少了。这些观察和实验，虽然还不能充分说明不同色彩对人产生的各种各样的作用，但至少已能充分证明色彩刺激对人的身心所起的重要影响。长波的颜色能引起扩展的反应，而短波的颜色能引起收缩的反应。整个机体由于不同的颜色，或者向外胀，或者向内收，并向机体中心集结。此外，人的眼睛会很快地在它所注视的任何色彩上产生疲劳，而疲劳的程度与色彩的彩度成正比，当疲劳产生之后眼睛有暂时记录它的补色的趋势。如眼睛注视红色后，当产生疲劳时，再转向白墙上，则墙上能看到红色的补色绿色。由此可见，在使用刺激色和高彩度的颜色时要十分慎重，并要注意到在色彩组合时应考虑到视觉残像对物体颜色产生的错觉，以及能够使眼睛得到休息和平衡的机会。

色彩心理是客观世界的主观反映。不同波长的光作用于人的视觉器官而产生色感时，必然导致人产生某种带有情感的心理活动。事实上，色彩生理和色彩心理过程是同时交叉进行的，它们之间既相互联系，又相互制约。在有一定的生理变化时，就会产生一定的心理活动；在有一定的心理活动时，也会产生一定的生理变化。

1.2　色彩的情感感受

1.2.1　色彩的情感

1. 色彩的温度感

温度感即色彩的冷暖感觉，通常称为色性。色性的产生主要在于人的心理因素，在于人对自然界客观事物的长期接触和认识，积累了生活的经验，由色彩产生了一定的联想。

由于人的心理因素和联想思维，当人们看到红色时，必然与火、太阳等高热度的事物产生联系，而形成心理上的温暖感；当人们看到蓝色时，便会与水、冰等产生关联，从而产生出寒冷的心理反应，这种对色彩的心理上的冷暖反应，就是色彩的温度感。

2．色彩的胀缩感

色彩的胀缩感是一种错觉，明度的不同是形成色彩胀缩感的主要因素。明度强的色彩具有膨胀感，明度弱的色彩则具有收缩感。

运用色彩胀缩感的典型实例有法国的三色国旗设计，其红、白、蓝三色的宽度之比为白：红：蓝 =30:33:37，三色虽不等分，但在视觉上却形成了等分的感觉。

色彩的冷暖与胀缩感也有一定的联系。暖色具有膨胀感，冷色具有收缩感。

3．色彩的距离感

（1）明度方面

明度高的色彩，易产生近感；明度低的色彩，易产生远感。六种标准色的距离感按由近而远的顺序排列是：黄、橙、红、绿、蓝、紫。

（2）纯度方面

纯度高的色彩给人靠近的感觉，纯度低的色彩给人退后的感觉。

（3）冷暖方面

暖色为前进色，给人以膨胀、亲近、依偎的感觉；冷色为后退色，给人以镇静、收缩、遥远的感觉。

（4）色彩的面积

一般说来，大面积的颜色具有前进感，小面积的颜色具有后退感。

色彩可以使人感觉进退、凹凸、远近的不同，一般暖色系和明度高的色彩具有前进、凸出、接近的效果，而冷色系和明度较低的色彩则具有后退、凹进、远离的效果。婚礼现场设计中常利用色彩的这些特点去改变空间的大小和高低。

4．色彩的轻重感

当把等大而重量相等的三个物体，将一个涂灰色，一个涂黑色，一个保留白色，这时给人的感觉一定是涂黑色的显得最重，灰色的次之，白色的最轻。

色彩的轻重感觉，是物体色与视觉经验而形成的重量感作用于人心理的结果。决定色彩轻重感觉的主要因素是明度，即明度高的色彩给人感觉轻，明度低的色彩给人感觉重。其次是纯度，在同明度、同色相条件下，纯度高的给人感觉轻，纯度低的给人感觉重。

5．色彩的软硬感

色彩的软硬感主要来自色彩的明度，但与纯度亦有一定的关系。

明度越高感觉越软，明度越低则感觉越硬。

明度高、纯度低的色彩有软感，中纯度的色也呈柔感，因为它们易使人联想起骆驼、狐狸、猫、狗等动物的皮毛，还有毛呢、绒织物等。高纯度和低纯度的色彩都呈硬感，如果它们的明度也低，则硬感更明显。

6．色彩的兴奋与沉静感

色彩的兴奋沉静感与色相、明度、纯度都有关，其中以色相的影响为最大。

（1）色相方面

红、橙、黄等暖色，是最令人兴奋的积极的色彩，而蓝、蓝紫、蓝绿等给人的感觉沉静而消极。

（2）明度方面

同纯度而不同明度的色彩，一般明度高的色彩比明度低的色彩刺激性更大。无彩色中低明度一带最为消极，如黑色。

（3）纯度方面

纯度高的色彩具有兴奋感，纯度低的色彩具有沉静感。

7. 色彩的华丽与朴素感

色彩的三要素对华丽与质朴感都有影响，其中纯度关系最大。

明度高、纯度高的色彩，对比强而丰富，感觉华丽、辉煌。明度低、纯度低的色彩，对比弱而单纯，感觉质朴、古雅。但无论何种色彩，如果带上光泽，都能获得华丽的效果。

8. 色彩的积极与消极感

暖色、高纯度色、高明度色，感觉跳跃、活泼、有朝气；冷色、低纯度色、低明度色，感觉庄重、严肃。

1.2.2　典型色彩的情感特征

不同波长的光作用于人的视觉器官以后，人的大脑将对不同的色彩产生不同的情感活动。不同的色彩会影响人们的情绪、性情和行动，这就是色彩的心理性质。

几种常用色彩的情感功能如下所示。

红色：兴奋、激动、欢乐、危险、紧张、恐怖等；

橙色：渴望、健康、跃动、成熟、向上等；

黄色：光明、轻快、丰硕、温暖、轻薄、颓废等；

绿色：生命、青春、成长、安静、满足等；

蓝色：深远、纯洁、冷静、沉静、悲痛、压抑等；

紫色：庄严、幽静、伤痛、神秘等；

灰色：平淡、沉闷、寂寞、含蓄、高雅、安适等；

白色：纯洁、朴素、轻盈、单薄、哀伤等；

黑色：深沉、庄严、阴森、沉默、凄凉等。

1. 红色

红色是热烈、冲动、强有力的色彩，它能使肌肉的机能和血液循环加快。由于红色是可见光中波长最长的光，所以它极易引起人们的注意，它常传达活力、积极、热诚、温暖的情感，能给人的心理产生巨大的鼓舞作用。

大红色具有热情、活泼、引人注目、热闹的情感特征，但也会让人们联系到血色，因此也会给人以恐怖的心理暗示。

2. 橙色

橙色的刺激作用虽然没有红色大，但它的视认性和注目性也很高，它既有红色的热情感又有黄色的光亮感，给人活泼的感受，是人们普遍喜爱的色彩。它使人联想到金色的秋天、丰硕的果实，是一种能够表达富足、快乐和幸福的颜色。

3. 黄色

黄色是最为光亮的色彩，在有彩色的纯色中明度最高，能给人以光明、迅速、活泼、轻快的感觉。它的明视度很高、注目性高，是比较温和的色彩。

4. 绿色

绿色明视度不高，刺激性不大，对人的生理和心理都能产生极为温和的效果，因此人们大都对绿色比较喜欢，绿色能给人带来宁静、安静的感觉。

5. 蓝色

蓝色是能够表现博大、深远的色彩。蓝色的注目性和视认性都不太高，但自然界中天空、海洋均为蓝色，所占面积相当大，因而蓝色能带给人冷静、智慧、深远的感觉。

6. 紫色

紫色因与夜空、阴影相联系，所以富有神秘感。紫色易引起心理上的忧郁和不安，但紫色又给人以优美、高贵、温柔、娇媚之感，所以女性对紫色的嗜好性很高。

7. 灰色

灰色是中性色，依靠邻近的色彩获得生命。灰色是视觉最安稳的休息色，给人以平淡、沉闷、寂寞之感，但又给人以高雅、含蓄的印象。

8. 白色

白色为不含纯度的色，除因明度高而感觉冷外基本为中性色，明视度及注目性都相当高。白色给人洁白、明快、清白、纯粹、真理、神圣、正义等感觉。

9. 黑色

黑色在心理上是一个很特殊的色彩，它本身无刺激性，但是与其他色配合能增加刺激，黑色是消极色，所以单独时嗜好率低，可是与其他色彩配合均能取得很好的效果。

黑色给人庄严、阴森、沉默、凄凉、严肃、死亡、恐怖等感觉。

知识点 2   色彩的联想

色彩的联想常受人们情绪性的影响。观察者年龄、性别、性格、文化、修养、职业、生活环境、时代背景、生活经历等的不同都会影响人们对色彩的联想。色彩的联想有具象和抽象两种。具象联想是指人们看到某种色彩后，会联想到自然界、生活中某些相关的具体事物。抽象联想是指人们看到某种色彩后，会联想到理智、高贵等某些抽象概念。

一般来说，儿童多具有具象联想，成年人有较多抽象联想。

2.1   色彩的象征与联想

人们将色彩赋予某种思想和情感，并运用色彩标志某种事物、行动、理想、意志和信念，因此形成了色彩的象征意义。

2.1.1   红色

红色是最引人注目的色彩，具有强烈的感染力，常用来象征热情、喜庆、幸福。

1. 红色的象征与联想

红色代表激动和忠诚的情感，能使人联想到无数先烈抛头颅、洒热血的英勇壮举，人们用红色象征革命、勇敢、光荣和胜利；又因红色能使人联想到流血，具有恐怖的情感，所以它同时也具有死亡的象征意义。

2. 红色的应用

红色常用来作为警告、危险、禁止、防火等标示用色；在工业安全用色中，红色即是警告、危险、禁止、防火的指定色。

2.1.2　橙色

橙色比红色要柔和，但亮橙色仍然富有兴奋性和刺激性，浅橙色则使人愉悦。

1. 橙色的象征与联想

橙色常象征活力、精神饱满、丰收、富足。

2. 橙色的应用

由于橙色明度较高，视觉醒目，具有动感且能够刺激人们的食欲，因此在快餐业、娱乐业等行业应用广泛。

2.1.3　黄色

1. 黄色的象征与联想

黄色象征着灿烂、辉煌、智慧、财富和权利，让人联想起秋天丰硕的果实、丰收的稻田等。

2. 黄色的应用

在工业用色上，黄色常用来警告危险或提醒注意，如交通标志上的黄灯、工程用的大型机器，以及学生用的雨衣、雨鞋等，一般都使用黄色。

2.1.4　绿色

1. 绿色的象征与联想

绿色常常让人联想起春天的万物萌生，它象征着原野、新鲜、生命与希望。

2. 绿色的应用

在商业设计中，绿色多传达清爽、理想、希望、生长的意象，多用于服务业、卫生保健业等；交通信号均以绿灯表示安全，以示可以通过；公益环保业也大量使用绿色来唤醒人们对大自然的保护。

2.1.5　蓝色

1. 蓝色的象征与联想

蓝色属于冷色，它往往让人联想起广阔而洁净的天空，象征着和平、安静、纯洁、理智、永恒。在西方，蓝色还象征着高贵的身份。

2. 蓝色的应用

由于蓝色沉稳的特性、理智和准确的意象，其多用在科技领域，用来表示效率，科学技术领域大多选用蓝色作为标准色、企业色，如计算机、汽车、影印机、摄影器材等。

2.1.6　紫色

1.　紫色的象征与联想

紫色是红色和青色的混合，是一种沉着的冷红色，它精致而富丽、高贵而迷人。偏红的紫色，华贵艳丽；偏蓝的紫色，沉着高雅。紫色常象征高贵、孤傲或悲哀。

2.　紫色的应用

紫色多用在舞台灯光领域，用来营造戏剧感、夸张感、未来感的氛围。

2.1.7　白色

1.　白色的象征与联想

白色象征着纯洁、朴素、高雅、干净，但纯白色会给人带来寒冷、严峻的感觉。

2.　白色的应用

白色因其纯洁的象征被大量应用在医疗卫生业中；在生活与服饰用色上，白色是永远流行的百搭色，可以和任何颜色搭配。

2.1.8　黑色

1.　黑色的象征与联想

黑色属于无彩色，明度最低，因此能给人留下神秘、黑暗、死亡、恐怖、庄严的意象，但用在人物身上，也可以表现出一种坚毅、力量和勇敢精神。

2.　黑色的应用

黑色具有高贵、稳重、科技的意象，许多科技产品的用色大多采用黑色，如电视机、摄影机、音响设备等。

2.2　色彩调和的心理变化

两种色彩相调和，必然改变色彩本身的性格，使其给人的心理感觉发生变化。

2.2.1　色彩调和的方式

从色彩理论上讲，两种颜色统一协调可以采取以下三种方式。

1.　单色调和

选择同一色相、变化明度或纯度的色彩，与原色相配，可以给人单纯、柔和、协调的感觉，能够取得统一又有变化的结果，从而获得整体和谐、高雅文静的感觉。

2.　类似调和

由于在色相环中相邻的色彩之间含有共同的因素，因此也具有和谐的效果。色相环中颜色的相邻次序是：红、橙、黄、绿、蓝、靛青、紫。在搭配时选择相互临近的色彩，对比颜色过渡自然，没有跳跃，有助于强化平衡，产生和谐、悦目、统一的感觉。

3.　对比调和

如果两种颜料调和后产生中性灰黑色，就称这两种色彩为互补色。从物理学上说，两种互补色光混合在一起时，产生白光。两种这样的色彩组合成奇异的一对，又互相需要，当它们靠近时，能相互促成最大的鲜明性。比较典型的成对互补色的例子是红与绿、蓝与橙、黄与紫。调配使用互补色、对比色，处理恰当，会使色彩对比强烈、艳丽、醒目，在视觉效果上产生强大的冲击力。

具体说来，同一颜色调和不同的色彩，又会产生不同的心理变化。

2.2.2　红色

红色的色感温暖，性格刚烈而外向，是一种对人刺激性很强的色。红色容易引起人的注意，也容易使人兴奋、激动、紧张、冲动、同时还是一种容易造成人视觉疲劳的颜色。在红色中混入少量的其他颜色，其色相感和色性格均会发生较大程度的变化。例如：

① 在红色中加入少量的黄色，会使色彩热力强盛，趋于躁动、不安。

② 在红色中加入少量的蓝色，会使色彩热性减弱，趋于文雅、柔和。

③ 在红色中加入少量的黑色，会使色彩变的沉稳，趋于厚重、朴实。

④ 在红中加入少量的白色，会使色彩变得温柔，趋于含蓄、羞涩、娇嫩。

2.2.3　黄色

黄色的性格冷漠、高傲、敏感，能给人以扩张和不安的视觉印象。黄色是各种色彩中最不稳定的一种色彩。只要在纯黄色中混入少量的其他色，其色相感和色性格均会发生较大程度的变化。例如：

① 在黄色中加入少量的蓝色，会使色彩转化为一种鲜嫩的绿色。其给人高傲的感觉也随之消失，趋于一种平和、潮润的感觉。

② 在黄色中加入少量的红色，则具有明显的橙色感觉，其给人的冷漠、高傲感转化为一种有分寸感的热情、温暖的感觉。

③ 在黄色中加入少量的黑色，其色感和色性变化最大，成为一种具有明显橄榄绿的复色印象。其色性也变得成熟、随和。

④ 在黄色中加入少量的白色，其色感变得柔和，其性格中的冷漠、高傲被淡化，趋于含蓄、易于接近。

2.2.4　蓝色

蓝色具有朴实、平静之感，常与活跃、具有较强扩张力的色彩搭配。

① 如果在蓝色中红色的成分较多，其色性格趋于沉重、成熟。

② 在蓝色中混入小量的白色，可使蓝色的知觉趋于平淡、宁静、冷静。

2.2.5　绿色

绿色是具有黄色和蓝色两种成分的色。绿色的性格最为平和、安稳，是一种柔顺、恬静、满足、优美的色。

① 当绿色中黄色的成分较多时，其色性就趋于活泼、友善，具有幼稚性。

② 在绿色中加入少量的黑色，其色性就趋于庄重、老练、成熟。

③ 在绿色中加入少量的白色，其色性就趋于洁净、清爽、鲜嫩。

2.2.6　紫色

紫色的明度在有彩色的色料中是最低的。紫色的低明度给人一种沉闷、神秘的感觉。

① 当紫色中红色的成分较多时，其知觉具有压抑感、威胁感。

② 在紫色中加入少量的黑色，其给人的感觉就趋于沉闷、伤感、恐怖。

③ 在紫色中加入白色，可使紫色沉闷的性格消失，变得优雅、娇气，并充满女性的魅力。

2.2.7　白色

白色的色感光明，给人朴实、纯洁、快乐的感觉。白色具有圣洁、不容侵犯的特性。如果在白色中加入其他任何色，都会影响其纯洁性，使其色性变得含蓄。

① 在白色中混入少量的红色，就成为淡淡的粉色，鲜嫩而充满诱惑。

② 在白色中混入少量的黄色，则成为一种乳黄色，给人一种香腻的印象。

③ 在白色中混入少量的蓝色，使人感觉清冷、洁净。

④ 在白色中混入少量的橙色，有一种干燥的气氛。

⑤ 在白色中混入少量的绿色，给人一种稚嫩、柔和的感觉。

⑥ 在白色中混入少量的紫色，可诱导人联想到淡淡的芳香。

实训项目

任务1　色彩的情感象征实训

为了更好、更准确地掌握色彩的情感象征意义，要通过填图、填表的形式熟悉和牢记各种色彩的情感象征。

活动1　讲解实训要求

教师讲解实训课的教学内容、教学目的。

① 了解色彩的心理暗示与情感价值。

② 理解并掌握色彩运用产生的联想。

活动2　教师讲解填表要求

具体的色彩联想表如表2-1所示。

表2-1　色彩的联想表

色彩名称	正面象征	负面象征
红		
橙		
黄		
绿		
青		
蓝		
紫		

续表

色彩名称	正 面 象 征	负 面 象 征
黑		
白		

活动 3 学生训练、教师巡查

学生按照教师的讲解进行填表，教师随时巡查，指导学生。

活动 4 实训检测评估

教师通过色彩的情感象征实训检测表（见表 2–2）评估学生的实训练习成果。

表2-2 色彩的情感象征实训检测表

考核项目	考核内容	分 值	自评分 （20%）	小组评 （30%）	教师评分 （50%）	实得分
正面象征	具有公认性，与色彩联想合适、准确	50				
负面象征	具有公认性，与色彩联想合适、准确	50				
总　　分						

在色彩情感象征学习的过程中，要明白色彩的评判没有对与错的标准，可以从色彩的公认性和大众审美标准为出发点进行判断。

任务 2 色彩的联想实训

色彩的联想是通过过去的经验、记忆或知识而取得的。要想用好色彩就要在生活中细心观察与体会，积累丰富的专业经验。

活动 1 讲解实训要求

教师讲解实训课的教学目的。
① 掌握色彩的具体联想。
② 掌握色彩的抽象联想。
③ 掌握色彩的共感联想。

活动 2 教师讲解实训课教学内容

1. 具体的联想

具体的联想由色彩的刺激而联想到某些具体的事物。

红色：可联想到火、血、太阳等；

橙色：可联想到灯光、柑橘、秋叶等；

黄色：可联想到光、柠檬、迎春花等；

绿色：可联想到草地、树叶、禾苗等；

蓝色：可联想到天空、湖水等；

紫色：可联想到丁香花、葡萄、茄子等；

黑色：可联想到夜晚、墨、炭等；

白色：可联想到白云、白糖、面粉、雪等；

灰色：可联想到乌云、草木灰、树皮等。

2. 抽象的联想

抽象的联想即由色彩感觉所引起的情感和意象的联想。

红色：可联想到热情、危险、活力等；

橙色：可联想到温暖、欢喜、嫉妒等；

黄色：可联想到光明、希望、快活、平凡等；

绿色：可联想到和平、安全、生长、新鲜等；

蓝色：可联想到平静、悠久、理智、深远等；

紫色：可联想到优雅、高贵、重、神秘等；

黑色：可联想到严肃、刚健、恐怖、死亡等；

白色：可联想到纯洁、圣洁、清净、光明等；

灰色：可联想到平凡、失意、谦逊等。

3. 共感联想

共感联想即由色彩感觉所引起其他领域的感觉或反向的色彩心理联想形式，共感联想分为色听联想、色触联想和色味联想。

（1）色听联想

红色：可联想到吼叫、热闹、呐喊等；

橙色：可联想到高音、嘹亮、轰隆等；

黄色：可联想到明快、响亮、尖锐等。

（2）色触联想

红色：可联想到温暖、酥松、烫手等；

橙色：可联想到暖和、平滑、酥等；

黄色：可联想到温暖、污垢、脏等。

（3）色味联想

红色：可联想到辣味、甜蜜、糖精等；

橙色：可联想到酸辣、甜、胡椒等；

黄色：可联想到甘甜、甜腻、乳酪等。

活动3　学生训练、教师巡查

教师要求学生按目前就座的顺序，依次快速说出某种颜色的具体联想事物。要求学生回答迅速、正确，且不重复，但红旗、红油笔、红鞋子、红衣服等答案不符合"接龙"要求。

活动4　实训检测评估

教师通过色彩的联想实训检测表（见表2-3）评估学生的实训练习的成果。

表2-3　色彩的联想实训检测表

考核项目	考核内容	分值	自评分（20%）	小组评分（30%）	教师评分（50%）	实得分
联想创意	联想具有创意、新意	50				
联想意义	生成的色彩是否有明显差异	50				
总　分						

在色彩联想中，不同的人因性别、年龄、职业和生长环境等的不同而对某一色彩的联想也是不同的。

项　目　小　结

1. 色彩的情感感受主要包括以下几方面：色彩的温暖与寒冷感、色彩的胀缩感、色彩的距离感，色彩的轻重感、色彩的软硬感、色彩的兴奋与沉静感、色彩的华丽与朴素感，色彩的积极与消极感。

2. 不同的色彩会影响人们的情绪、性情和行动，这是色彩的心理性质，因而不同的色彩具有不同的情感特征。

红色：象征兴奋、激动、欢乐、危险、紧张、恐怖等；

橙色：象征渴望、健康、跃动、成熟、向上等；

黄色：象征光明、轻快、丰硕、温暖、轻薄、颓废等；

绿色：象征生命、青春、成长、安静、满足等；

蓝色：象征深远、纯洁、冷静、沉静、悲痛、压抑等；

紫色：象征庄严、幽静、伤痛、神秘等；

灰色：象征平淡、沉闷、寂寞、含蓄、高雅、文位等；

白色：象征纯洁、朴素、轻盈、单薄、哀伤等；

黑色：象征深沉、庄严、阴森、沉默、凄凉等。

3. 由于人们对色彩所具有的思想和情感，并运用色彩标志某种事物、行动、理想、意志和信念，就形成了色彩的象征意义。

红色：象征热情、喜庆、幸福、勇敢、胜利、恐怖、危险；

橙色：象征活力、精神饱满；

黄色：象征辉煌、财富与权利；

绿色：象征原野、新鲜、生命与希望；

蓝色：象征和平、安静、纯洁、理智、永恒；

紫色：象征高贵、尊严、孤傲、悲哀；

灰色：象征寂寞、含蓄、谦逊；

白色：象征纯洁、朴素、高雅、卫生；

黑色：象征黑暗、庄严、坚毅、稳重。

4. 两种颜色统一协调可以采取单色调和、类似调和、对比调和的方法。

核 心 概 念

色彩情感体系；色彩的象征与联想。

能 力 检 测

1. 色彩的情感感受包括哪些方面？其影响因素分别是什么？

2. 红、橙、黄、绿、蓝、紫、灰、白、黑这几种基本色彩分别具有何种情感特征？

项目 3
了解色彩的历史文化

学习目标

通过本项目的学习，应该能够：

1. 掌握古汉语和现代汉语中的色彩表述；
2. 掌握英语和日语中的色彩表述；
3. 掌握中国传统的五色体系及其文化内涵；
4. 掌握西方文化中红、白、蓝、黄、黑、绿等色彩的文化含义。

项目概览

色彩的历史文化是婚礼色彩设计与应用的基本内容，通过本项目的学习，要掌握汉语中的色彩表述；掌握英语和日语中的色彩表述；掌握中国传统的五色体系；掌握西方文化中红、白、蓝、黄、黑、绿等色彩的文化含义。为了实现教学目标，需要完成两项任务：国内外典型色彩名对照；中西方色彩观对照。

核心技能

1. 熟练使用色彩的典型名称；
2. 熟练运用色彩的文化内涵。

理论知识

知识点 1 中外色彩的表述

色彩的表述涉及语言问题，色彩在不同的地域、不同的时代、不同的文化背景下有着不同的语言表述方式。

1.1 我国传统色彩的表述方式

通常情况下，人们把汉语分为古代汉语和现代汉语两套不同的语言体系，以下就从古代汉语和现代汉语两个既紧密联系，又各有不同的语言范畴来解释和分析我国传统色彩的表述方式。

1.1.1 古代汉语中的色彩表述方式

古人将黑、赤、青、白、黄称为五色，又称本色或原色，将它们两两混合调配出的新的颜色，称为"间色"。

1. 古代汉语中的原色

古汉语中的原色指的是黑、赤、青、白、黄五色。其表色本义分别如下。

① 黑：《说文解字》中写道："黑，火所熏之色也。"意思是说黑色是火熏过的颜色。

② 赤：《说文解字》中写道："赤，南方色也。"《尚书·洪范》中将其解释为："赤者，火色也。"赤的本义是"火的颜色"，即红色。上古人狩猎时，焚烧山林，火光熊熊，其色为赤。

③ 青：《说文解字》中写道："青，东方色也。"古人见草木之葱茏，其色无以名之，见草木之根其色丹，而发生之枝叶，遂名为青。青原指靛青，是古代最常用的染料之一，后引申指蓝色或深绿色。

④ 白：《说文解字》中写道："白，西方色也。"白本义指日光的白色。

⑤ 黄：《说文解字》中写道："黄，地之色也。"黄的本义指大地的颜色。耕种时代，耕土而地气上腾，其光如是。黄在古代是尊严崇高的颜色，帝王都穿黄袍，皇宫用金黄色的琉璃瓦。[①]

2. 古代汉语中的间色

古代汉语中的间色指的是原色混合调配出的新的颜色，主要包括黛、绿、紫、褐、灰等多种色彩。

黛：青黑色。《说文解字》中写道："黱，画眉也。""黱"也写作"黛"，本义是青黑色的颜料。古代女子用以画眉，后来泛指"青黑色"。

绿：青中带黄的颜色。《说文解字》中写道："绿，帛青黄色也。"本义指蓝染料与黄染料调配后染成的帛，后来引申指像草和树叶茂盛时的颜色。

紫：青和红组合成的颜色。《说文解字》中写道："紫，帛青赤色。"本义指青赤色的帛，后来引申指青赤色。

褐：黄和黑组合成的颜色。《说文解字》中写道："褐，编枲袜。"（枲：粗麻）褐的本义是"用粗麻织成的袜子"，后表示"黄黑色"。

灰：黑和白之间的混合色。《说文解字》中写道："灰，死火余烬也。"本义是"火灰"，意思是火已熄灭，可以用手去拿。后指"灰色"，是白色和黑色的混合色。

3. 古代汉语中同一色调的不同表述

（1）古代汉语中红色调的不同表述

"绛、朱、赤、丹、红"五个词在古汉语中都表示红色，按其由深到浅的不同程度排列，"绛"的程度最深，《说文解字》里写道："绛，大赤也。"绛的本义是"深红色"。"朱"的程度次之，《说文解字》中将其解释为："朱，赤心木，松柏属。"朱的本义是"赤心木"，后用来指"朱色、

---

① 李红印. 现代汉语颜色词语义分析 [M]. 北京：商务印书馆，2007：29-30.

大红色"。"赤"的本义是"火的颜色"，即红色。"丹"的本义是"辰砂、朱砂"，后表示"红色、赤色"。"红"的程度最浅，《说文解字》里写道："红，帛赤白色也。"红的本义是"粉红色"，发展到后来，"红"和"赤"没有区别。

（2）古代汉语中青色调的不同表述

"青、苍、碧、绿、蓝、翠"六个词在现代汉语中都是形容词，表示颜色。但在古代汉语中是有区别的。"青"在古代和现代都表示"蓝色"；"苍"的本义是"草色"，表示"深蓝色"或"深绿色"，程度最深；"碧"的本义是"青绿色的玉石"，表示"浅蓝色"或"浅绿色"，这三个词本来是有区别的，有时也可以混用。如青天又称苍天，青草又称碧草，青苔又称苍苔。"绿色"和"青色"意义则相差较远，混用的较少。"蓝"在古代汉语中是名词，指的是一种植物染料，是"蓼蓝"的意思，后来才具有"蓝色"的意思。而"翠"在古代汉语中原指青羽雀，本义是一种鸟，后来引申为翠绿色。

（3）古代汉语中黑色调的不同表述

"黯、黑、黛、殷"四个词在古代汉语中都属于黑色系列，但是四个词所指代的颜色各不相同，黯的本义是"深黑色"，程度比"黑"深。"黛"是黑中带青的青黑色，"殷"是红中带黑的黑红色。

（4）古代汉语中白色调的不同表述

"素、白、皤、皓、皑"五个词在古代汉语中都属于白色系列，意义也基本相近，"素"的本义是本色的生帛，后来引申为本白色。"白"和"皤"的本义是白素之貌，多用来形容须发，"皓"的本义是洁白、明亮，多用来形容明月，"皑"的本义是洁白的样子，多用来形容霜雪。

1.1.2　现代汉语中的色彩表述

现代汉语中有几个稳定的基本辨色词：红、黄、绿、蓝、紫、褐、黑、白、灰，它们义域宽泛，构词能力强，作为词根语素，容易构成以它们为核心的一大批新的颜色词，形成表示不同色调的词群。[①]

1. 现代汉语中表示红色调的指色词

现代汉语中，按照指色词的词义成分和词义结构，表红色调的指色词一般可以分为以下四类：第一类即"红色"本身；第二类指的是和"红色"相比，在浓度、亮度上有深浅、明暗变化的指色词，包括绛色、茜色、妃色、乳红色、银红色、嫣红色、绯红色、朱红色、粉红色、洋红色、水红色、油红色等；第三类是通过与某种实物或某种状态相比，来反映与"红色"存在差别的指色词，如红珊瑚色、红铜色、椒红色、砖红色、柿红色、潮红色、酡红色、橘红色、枣红色、火红色、猩红色、胭脂红色、桃红色、肉红色、宝石红色、炭红色、鸡血红色、海棠红色、玛瑙红色、樱桃红色等；第四类是混色指色词，除与"红色"或与某种实物相比以外，还需与另一种色调相比，其中"红色"是主色，另外一个是辅色，如殷红色、橙红色、紫红色、褐红色、荔枝红色、榴花红色、高粱红色、锈红色等。

2. 现代汉语中表示黄色调的指色词

现代汉语中，按照指色词的词义成分和词义结构，表示黄色调的指色词一般可以分为以下四类：第一类即"黄色"本身；第二类指的是和"黄色"相比，在浓度、亮度上有深浅、明暗

① 李红印. 现代汉语颜色词语义分析 [M]. 北京：商务印书馆，2007：111-229.

变化的指色词，包括暗黄、苍黄、昏黄、橙黄、鲜黄、明黄、亮黄等；第三类是通过与某种实物或某种状态相比，来表达与"黄色"有细微差别的指色词，如姜黄、棕黄、土黄、鹅黄、柳黄、琥珀黄、玫瑰黄、鸭嘴黄、蛋黄色、稻黄色、葛黄色、虎黄色、菊黄色、沙黄色、烟黄色、金橘色、黄铜色、枇杷色、栗黄色、谷黄色、硫黄色、金鱼黄、柠檬黄等；第四类是混色指色词，除与"黄色"或与某种实物相比以外，还需与另一种色调相比，其中"黄色"是主色，另一种颜色是辅色，如灰黄色、黑黄色、黄白色、黄橙色、褐黄色、红黄色、草黄色、金黄色、杏黄色、杏红色、蟹壳黄色、麻黄色、黄橙色等。

3. 现代汉语中表示绿色调的指色词

现代汉语中，按照指色词的词义成分和词义结构，表示绿色调的指色词一般可以分为以下四类：第一类即"绿色"本身；第二类指的是和"绿色"相比，在浓度、亮度上有深浅、明暗变化的指色词，包括碧绿色、大绿色、黛绿色、墨绿色、海绿色、水绿色、莹绿色、油绿色、幽绿色、娇绿色、鲜绿色、黑绿色、鸭蛋青色、湛绿色、湛青色、黛青色、墨青色等；第三类是通过与某种实物或某种状态相比，来表达与"绿色"有细微差别的指色词，如翠绿色、豆绿色、品绿色、葵绿色、蛋青色、豆青色、莲青色、鹦哥绿色、绿豆青色、鸭头绿色、芭蕉绿色、铜绿色、宝绿色、松绿色、湖绿色、橘绿色、磁青色、青石色、桃青色、杏青色、竹青色等；第四类是混色指色词，除与"黄色"或与某种实物相比以外，还需与另一种色调相比，其中"绿色"是主色，另外一种颜色是辅色，如青黄色、青灰色、青紫色、青黑色、赤绿色、金绿色、菜绿色、虾青色、茶绿色、草绿色、葱绿色、菜青色、茶青色、薄荷绿色、枣花绿色、国防绿色、松花绿色等。

4. 现代汉语中表示蓝色调的指色词

现代汉语中，按照指色词的词义成分和词义结构，表示蓝色调的指色词一般可以分为以下四类：第一类即"蓝色"本身；第二类指的是和"蓝色"相比，在浓度、亮度上有深浅、明暗变化的指色词，包括毛蓝色、碧蓝色、翠蓝色、靛青色、海棠蓝色、月白色、葱白色、水蓝色、银蓝色、亮蓝色、幽蓝色、黯蓝色、黛蓝色、靛蓝色、铅青色、青蓝色、乌蓝色、瓦蓝色、云蓝色、墨蓝色、苍蓝色等；第三类是通过与某种实物或某种状态相比，来表达与"蓝色"有细微差别的指色词，如天蓝色、蔚蓝色、宝蓝色、公安蓝色、海军蓝色、孔雀蓝色、学生蓝色、海蓝色、蓝钢色、烟青色、鱼鳞色等；第四类是混色指色词，除与"蓝色"或与某种实物相比以外，还需与另一种色调相比，其中"蓝色"是主色，另外一种颜色是辅色，如品蓝色、藏蓝色、藏青色、淡青色、蓝青色、金蓝色、白蓝色、黄蓝色、灰蓝色、绿蓝色、紫蓝色、茂青色、炭蓝色等。

5. 现代汉语中表示紫色调的指色词

现代汉语中，按照指色词的词义成分和词义结构，表示紫色调的指色词一般可以分为以下四类：第一类即"紫色"本身；第二类指的是和"紫色"相比，在浓度、亮度上有深浅、明暗变化的指色词，包括堇色、水紫色、青莲色、雪青色、鲜紫色、乌紫色等；第三类是通过与某种实物或某种状态相比，来表达与"紫色"有细微差别的指色词，如丁香色、茄花色、血紫色、烟紫色、紫霭色、紫丁香色、紫茄子色等；第四类是混色指色词，除与"紫色"或与某种实物相比以外，还需与另一种色调相比，其中"紫色"是主色，另外一种颜色是辅色，如绛紫色、黄紫色、褐紫色、灰紫色、金紫色、蓝紫色、茜紫色、紫酱色、紫青色等。

6. 现代汉语中表示褐色调的指色词

现代汉语中，表示褐色调的颜色词是主要由"褐""棕"为核心语素构成的小的词群，由43 个颜色词构成。与以上五种词群不同，表示褐色调词群颜色词的词义内容主要不是浓度、亮度等方面存有差异，而是在混色、多色等方面存有差异。对表示褐色调颜色词的语义分析主要是与黄、黑、红、褐、棕相比较来进行。其指色词包括茶褐色、驼色、栗色、咖啡色、巧克力色、酱褐色、麻褐色、棕褐色、棕红色、棕灰色、棕紫色、金棕色、黑棕色、黑赭色、紫褐色、红褐色、红棕色、灰棕色、棕黄色、棕绿色、黑褐色、蓝褐色、绿褐色、灰褐色等。

7. 现代汉语中表示黑色调的指色词

现代汉语中，按照指色词的词义成分和词义结构，表示黑色调的指色词一般可以分为以下两类：第一类即"黑色"本身；第二类指的是和"黑色"相比较或与某一实物相比较，以及与另一色调相比较的颜色词，包括玄黑、灰黑色、青黑色、焦黑色、墨色、铅墨色、酱黑色、铁黑色、黑酱色、霾黑色、黑漆色、黑霉色、黑青色、黑蓝色、黑白色、褐黑色、紫黑色等。

8. 现代汉语中表示白色调的指色词

现代汉语中，按照指色词的词义成分和词义结构，表示白色调的指色词一般可以分为以下四类：第一类即"白色"本身；第二类指的是和"白色"相比，在浓度、亮度上有深浅、明暗变化的指色词，包括纯白色、净白色、鲜白色、莹白色、昏白色、涅白色、银白色等；第三类是通过与某种实物或某种状态相比，来表达与"白色"有细微差别的指色词，如乳白色、霜白色、纸白色、象牙白色、水白色、雪花白色、珍珠白色、土白色、锡白色、盐白色、玉白色、牙白色、白金色、银箔色、银辉色等；第四类是混色指色词，除与"白色"或与某种实物相比以外，还需与另一种色调相比，其中"白色"是主色，另外一种颜色是辅色，如米黄色、奶油色、鱼肚白色、白绿色等。

9. 现代汉语中表示灰色调的指色词

现代汉语中，按照指色词的词义成分和词义结构，表色灰色调的指色词一般可以分为以下四类：第一类即"灰色"本身；第二类指的是和"灰色"相比，在浓度、亮度上有深浅、明暗变化的指色词，包括苍灰色、银灰色、乳灰色、深灰色等；第三类是通过与某种实物或某种状态相比，来表达与"灰色"有细微差别的指色词，如土灰色、古灰色、霉灰色、米灰色、沙灰色、鼠灰色、兔灰色、烟灰色、云灰色、珠灰色等；第四类是混色指色词，除与"灰色"或与某种实物相比以外，还需与另一种色调相比，其中"灰色"是主色，另外一种颜色是辅色，如藕灰色、褐灰色、黄灰色、绛灰色、蓝灰色、绿灰色、麻灰色、乌灰色、紫灰色、钢灰色、鸽灰色、铅灰色、黑灰色、墨灰色、砖灰色等。

1.2 国外色彩的表述

但凡有自己语言文字的国家或地域，基本上都有一套独特的、丰富的颜色词体系。尤其是在英语和日语中，其色彩的表述方式全面而系统、立体而形象。本部分的内容主要围绕英语和日语两大语种来介绍国外色彩的表述。

1.2.1 英语中的色彩表述

1. 英语中颜色词的分类

美国的两位语言学家凯（Paul Kay）和麦克丹尼尔（Chad K.McDaniel）认为：颜色范畴是一个模糊集合，它与人类的心理感知和生理结构有着密切关系。人的神经生理结构决定了语言中有六种主要的颜色范畴，它们是红、黄、绿、蓝、黑、白。其他颜色范畴都是在这六种主要颜色范畴的基础上复合、派生出来的。为此，他们把英语中的颜色名词分为三类：①主要颜色专名，如黑、白、红、黄、绿、蓝；②混合颜色范畴结合，由两个或多个主色的模糊结合构成，如黑、绿、蓝结合成暗冷；白、红、黄结合成亮暖；红、黄结合为暖；绿、蓝结合为冷；③基于模糊交叉的从属颜色集合，如黑和黄结合为褐；红和蓝结合为紫；红和白结合为粉红；红和黄结合为橘黄；白和黑结合为灰。①

2. 英语中颜色词的产生和演变

著名的语言学家麦克内伊尔指出，颜色词集合就是一个把对自然的感知结构化了的系统，颜色词的产生和演变涉及两个主要因素：一是自然资源的外部世界中色彩的可用性；二是人类视觉的生理结构。因此他认为，颜色范畴的结构化不仅随着文化的不同而不同，而且颜色范畴的名称和它们的焦点也与其色彩的可用性和实际生活中的功能和使用频率有很大关系。麦克内伊尔注意到语言中有不少颜色名称源于实际生活中客观事物的名称，随着这些名称在交际中的频繁使用和其重要性增加，其意义逐渐抽象化。例如在英语颜色词中，azure（天蓝色）、emerald（祖母绿）、topaz（黄玉色）来自宝石；rose（玫瑰红）、pink（桃红色）、lilac（丁香紫）、mauve（木槿紫）、lavender（淡紫色）来自花；pomegranate（石榴色）、lemon（柠檬色）、olive（橄榄色）、cherry（樱桃色）、plum（梅红色）来自水果；salmon（肉红色）来自鱼；chartreuse（苹果绿色）、champagne（香槟酒色）来自饮品；crimson（绯红色）来自昆虫，等等。他还注意到另外一个事实，即哪里有需要，哪里就会出现丰富多样的颜色名称，如英语中表示红的颜色名称就有 red（红的、鲜红的）、rubicund（红润的）、auburn（赤褐色的）、crimson（深红色、绯红色的）、carmine（胭脂红）、scarlet（猩红色）、vermilion（朱红色）、maroon（褐紫红色）等。

3. 英语中不同色调的颜色词

表示红色调的颜色词有 red（红色）、vermeil（朱红）、pink（粉红）、plum（梅红）、rose（玫瑰红）、peach blossom（桃红）、cherry（樱桃红）、salmon pink（橘红色）、garnet（石榴红）、purplish red（枣红）、lotus red（莲红）、fuchsia pink（浅莲红）、bean red（豆红）、capsicum red（辣椒红）、poppy red（芙蓉红）、rouge red（胭脂红）、ruby red（宝石红）、agate red（玛瑙红）、coral（珊瑚红）、bronze red（金红）、iron oxide red（铁红）、rust red（铁锈红）、chrome red（铬红）、brick red（砖红）、henna（棕红）、dark red（暗红）、fresh red（鲜红）、scarlet（绯红）、silver pink（米红）、deep red（深红）、light red（淡红）等。

表示黄色调的颜色词有 yellow（黄色）、lemon yellow（柠檬黄）、maize（玉米黄）、olive yellow（橄榄黄）、straw yellow（稻草黄）、mustard（芥末黄）、egg yellow（蛋黄）、rattan yellow（藤黄）、sunny yellow（日光黄）、earth yellow（土黄）、sand yellow（砂黄）、golden

---

① 李红印．现代汉语颜色词语义分析 [M]．北京：商务印书馆，2007：12-13.

yellow（金黄）、deep yellow（深黄）、bluish yellow（青黄）、grey yellow（灰黄）、cream（米黄）、yellow cream（嫩黄）、light yellow（鹅黄）、pale yellow（浅黄）、primrose（淡黄）等。

表示绿色调的颜色词有 green（绿色）、pea green（豆绿）、olive green（橄榄绿）、tea green（茶绿）、onion green（葱绿）、apple green（苹果绿）、forest green（森林绿）、moss green（苔藓绿）、grass green（草绿）、agate green（灰湖绿）、crystal（水晶绿）、jade green（玉绿）、mineral green（石绿）、spearmint（松石绿）、peacock green（孔雀绿）、green black（墨绿）、emerald black（墨玉绿）、bottle green（深绿）、deep green（暗绿）、dark green（青绿）、azure green（碧绿）、blue green（蓝绿）、yellow green（黄绿）、grey green（灰绿）、breen（褐绿）、medium green（中绿）、light green（浅绿）、pale green（淡绿）等。

表示蓝色调的颜色词有 blue（蓝色）、sky blue（蔚蓝）、moon blue（月光蓝）、ocean blue（海洋蓝）、acid blue（湖蓝）、vivid blue（深湖蓝）、bright blue（中湖蓝）、ice-snow blue（冰雪蓝）、peacock blue（孔雀蓝）、jewelry blue（宝石蓝）、powder blue（粉末蓝）、purplish blue（藏蓝）、navy blue（海军蓝）、royal blue（宝蓝）、blue black（墨蓝）、ultramarine（青蓝）、blue ashes（深灰蓝）、deep blue（深蓝）、clear blue（鲜蓝）、medium blue（中蓝）、light blue（浅蓝）、pale blue（淡蓝）等。

表示紫色调的颜色词有 purple（紫色）、violet（紫罗兰色）、amethyst（紫水晶色）、grape（葡萄紫）、rose violet（玫瑰紫）、lilac（丁香紫）、violet black（墨紫）、dark reddish purple（绛紫）、violet deep（暗紫）、raisin（乌紫）、royal purple（蓝紫）、violet light（鲜紫）、grey violet（浅紫）、pale purple（淡紫）、violet ash（浅白紫）等。

表示白色调的颜色词有 white（白色）、ivory white（象牙白）、oyster white（牡蛎白）、pearl white（珍珠白）、jade white（玉石白）、silver white（银白）、wool white（羊毛白）、milky white（乳白）、off-white（米白）、snow-white（雪白）、greyish white（灰白）、pure white（纯白）、raw white（本白）、pinky white（粉红白）、lilac white（浅紫白）等。

表示黑色调的颜色词有 black（黑色）、carbon black（炭黑色）、pitch-black（漆黑）、dull black（暗黑）等。

表示灰色调的颜色词有 grey（灰色）、silver grey（银灰）、smoky grey（烟灰色）、charcoal grey（炭灰）、misty grey（雾灰）、grey black（黑灰）等。

此外英语中其他表示颜色的单词还有 gold（金色）、silver（银色）、camel（驼色）、khaki（卡其色）、cream（奶油色）、amber（琥珀色）、rainbow（彩虹色）等。

1.2.2　日语中的色彩表述

日语中表示红色调的颜色词有红梅色、珊瑚色、踯躅色、薄红色、桃色、退红色、红桦色、一斤染、真朱、赤紫、中红、红绯、蔷薇色、赤丹、红赤等。表示黄色调的颜色词有黄色、中黄、黄金、黄檗色、黄朽叶色、山吹色、黄橡、芥子色、蒲公英色、黄唐茶、黄土色等。表示绿色调的颜色词有花绿青、翡翠色、青绿、青碧、绿黄色、黄绿、千岁绿、常盘色、若草色、若芽色、若苗色、若竹色等。表示蓝色调的颜色词有蓝色、浓蓝、勿忘草色、露草色、缥色、浅缥、薄缥、薄花色、绀青、绀蓝、绀桔梗、琉璃绀、青蓝、杜若色等。表示紫色调的颜色词有本紫、藤色、藤紫、青紫、堇色、菖蒲色、江户紫、葡萄色、紫绀等。表示白色调的颜色词有白色、胡粉色、生成色、灰白色、白磁色、乳白色、素色等。表示黑色调的颜色词有黑色、漆黑色、铁黑色、紫黑色、暗黑色等。表示褐色调的颜色词有褐色、栗色、茶色、桦茶色、枯茶色、焦茶色、路考茶、丁子茶、饴色、伽罗等。表示灰色调的颜色词有灰色、灰青、薄钝、鼠色、银鼠、茶鼠、钝色、铅色、薄墨色等。

1.2.3　其他语言中的色彩表述

除了英语和日语之外，其他的语言中也都各自有着一套丰富的颜色词体系，如韩语中关于红色的表述就包括深红、浅红、微红、通红、绯红等56种，并且可以通过颜色词来表达各种意思，区分人的思想和禀性，没有任何根据的谎话称为"绯红的谎话"，没有良心的人称为"黑心的人"，受到惊吓的脸称为"青色的脸"，华丽的东西可以用"五彩缤纷"来形容，伤害妻子心的男人称为"五色鬼"。除此之外，拉丁语中也有一系列完整的表示颜色的词语，不过其中没有表示褐色或灰色的词。对于其他语言中的色彩表述，这里就不再一一赘述。

知识点2　中西色彩文化

色彩是一种重要的文化载体，是一种具有系统符号特征的视觉形式，它有着文字、图形、声音等其他形式所没有的特质。缤纷绚烂的色彩不仅能够刺激人们的想象力、活跃人们的精神情感，更是构成不同地域、不同社会背景下人们文化认同的基础。

2.1　中国传统的色彩观

"色彩"即颜色，但是"颜色"一词在我国古代的意义与今天的并不完全相同，最初只指面色。例如，《楚辞·渔父》里有"颜色憔悴"，《说文解字》里说："颜，眉之间也；色，颜气也。"到了唐朝，"颜色"才有了指自然界色彩的含义。例如，唐朝诗人杜甫在诗作《花底》中写道："深知好颜色，莫作委泥沙。"成语"五颜六色"也反映了"颜色"的这种意思。所以，"色彩"一词演变到后来指的就是万物之色彩。中国传统的色彩观指的就是经过千百年来的文化沉积而形成的色彩体系，以及由此而衍生出的文化观念和文化内涵。

2.1.1　中国传统文化中的颜色

1. 中国传统的五色体系

约公元前五千年的黄帝时期，流行单色崇拜。黄帝之后，历经商、汤、周、秦，帝王们根据"阴阳五行"学说选择色彩象征。五行的顺序为水、火、木、金、土，分别对应黑、赤、青、白、黄。因为中国古人认为五行是产生自然万物本源的五种元素，是一切事物的来源，色彩也不例外。在"自生其明"而"首先黑白"之殊的基础上，渐渐以色彩与天道自然运动的五行法则建立关系，从而形成了五色学说。中国传统的五色体系把黑、赤、青、白、黄视为正色。

黑，晦也，如晦冥之色也。黑色在《易经》中被认为是天的颜色。"天地玄黄"之说源于古人感觉到的北方天空长时间都显现神秘的黑色。他们认为北极星是天帝的位置，所以黑色在古代中国是众色之王，也是中国古代历史上单色崇拜最长的色系。而在中国传统文化中，人们对黑色的态度是十分矛盾的，一方面黑色在"五行五方五色"之中代表北方，象征着万物肃杀的冬天，而被人们视为悲凉、不祥之色；而另一方面，先秦时代一直沿袭着"尚黑"的习俗，黑色被看作是庄重神圣的象征。

赤，赫也，太阳之色也。红色是祭祀等宗教仪式活动中最主要的用色，古人在宗教活动中，对太阳有着本能的、原始的崇拜，而来自于赤日的红色自然成为中华民族最喜爱、最崇尚的色彩，象征着希望、吉祥和喜庆。中国古称"赤县神州"，传说"赤县多灵仙"，这些均为吉祥宝地。在民间的节庆、婚嫁等喜庆场合中，红色更是必不可少的色彩。

青，生也，象物生长之色也。青本是井水中清水的颜色，青色位东，许慎的《说文解字》解释为"东方色"。青色象征着生机勃发的春天，作为万物生长的色彩而受到尊敬，是一种瑞祥之色。

白，启也，如冰启时之色也。白色在中国传统文化中一般被看成是禁忌色。在"五行五方五色"学说中，白色对应西方，位金。《汉书·五行志》中写道："金，西方，万物既成，杀气之始也。"所以，人们使用白色时非常谨慎，白色也常被忌讳谈起。《周礼·春宫·司服》中说："大礼、大荒、大灾，素服。"其所说的素服就是居丧或遭遇其他凶事时所着的白色冠服，而人们也一般把丧礼称奉为"白事"，"白"成了不祥的象征。

黄，晃也，晃晃日光之色也。黄色，居五方之中为主宰之位，被认为是帝王之色，崇高、神圣不可侵犯。在中国有"黄生阴阳"的说法，把黄色奉为彩色之主，是居中位的正统颜色，为中和之色，居于诸色之上，被认为是最美的颜色。在中国，黄色具有特殊象征意义，它位居五行的中央，是象征大地的颜色。汉以后的历代王朝，黄色以近金色的灿烂成为皇家专用色彩象征，平民百姓不得以赤黄为衣。

2. 色彩与中国传统文化

从上古时期的"崇黑尚红"，到中国封建史上"黄"的崇高地位，可以看到在中国传统文化里，色彩往往与象征联系在一起，而被赋予了更多的内涵。具体来说，在中国文化中，色彩与美术、诗歌、工艺、服饰、风俗之间都有着密不可分的关系。

（1）色彩与美术

在美术方面，在距今1500多年的敦煌石窟中，保存着一万多幅珍贵的壁画，不过不同时期的壁画色彩也是不同的。例如，北魏时期主要用红棕色调，配以蓝、黑色；唐朝时期则增添黄颜色，色彩的应用也多彩多姿，明亮而华丽；宋朝则以蓝绿色调为主。中国画则主要是通过墨的浓淡来表现画的神韵，如"墨分五色""不施丹青，光彩照人"，在浓淡间实现超然的艺术境界。"墨分五色"，即焦、浓、灰、淡、清。画家眼中的水色四季都很分明，郭熙《林泉高致》云："水色：春绿，夏碧，秋青，冬黑。"中国画中并不缺少色彩美，《唐朝名画录》中记载李思训的青绿重彩山水画曾被唐玄宗称为"国朝山水第一"。这类宫廷画色彩多用石青、石绿、石黄、朱砂、胭脂、铅粉、泥金等，先色勒后填色，色彩绚烂而富丽。中国人善于运用大自然中大量的矿物质和植物，从中提炼颜料，因此中国画中的色彩明度和饱和度更加系列和丰富。

（2）色彩与诗歌

我国诗画　脉相承，常有　种"诗中有画，画中有诗"的关系，诗歌中也是色彩纷呈，蔚成风气，很多诗人是色彩写作的高手。以色彩形成的绝妙意境而留名的诗人有很多，如崔护，他的《题都城南庄》里"去年今日此门中，人面桃花相映红"成了千古绝唱的诗句。白居易的《暮江吟》中，"一道残阳铺水中，半江瑟瑟半江红"描绘出的色彩之美让人千古玩味。李贺的《雁门太守行》是一首真正的诗中色彩交响曲："黑云压城城欲摧，甲光向日金鳞开。角声满天秋色里，塞上胭脂凝夜紫。半卷红旗临易水，霜重鼓寒声不起。报君黄金台上意，提携玉龙为君死。"这类诗人和诗句在我国文化史上不胜枚举。

（3）色彩与工艺

在工艺方面，纺织品、陶瓷、漆器等都少不了色彩的装饰。汉语中很多颜色词都有"纟"旁，《说文解字》系部关于丝帛的颜色词有24个，即红、绿、紫、绛、绯、绀、绢、缥、缇、素等，这些缤纷的色彩都反映出纺织工艺与色彩的密切联系。陶瓷技艺中各种色彩的釉的发明使器表光辉、莹润，从著名的唐三彩到五彩，从青瓷到白瓷，从青花到彩釉，色彩功不可没。而漆器上精美图案的装饰也离不开绚丽的色彩搭配。

（4）色彩与服饰

在服饰方面，色彩不仅影响人的审美，而且往往具有等级区分的功能。不同官员的服装，大都采用不同的颜色。在每个朝代几乎都有过对服饰颜色的相关规定，唐朝就曾两次颁布服饰颜色和佩戴的规定：除了皇帝可以穿黄色衣服以外，"士庶不得以赤黄为衣"。官员服饰二品以上服紫，五品以上服绯，六品、七品服绿，八品、九品服青。后怕深青乱紫，改为八品、九品服碧。从此，色彩的等级规范纳入封建礼法的轨道。除此之外，在特定的时空范畴中，服饰的颜色往往还代表了某种特定的身份或职业。三国时期，孙权兄弟曾在秦淮河边设立军营，军人身着黑衣，后来的地名便称为乌衣巷。东晋至南朝，南下的一批贵族后裔都住乌衣巷，满街纨绔子弟身穿黑衣，黑色似乎成了高贵的象征。民间也普遍崇尚黑色，乌衣巷一带竞相生产黑色丝绸，成为传统。直至20世纪，南京仍以生产黑色丝绸闻名中外。

（5）色彩与风俗

在传统风俗中，色彩文化更是浓郁。黄色是帝王之色，皇宫、社稷、坛庙等主要建筑多用黄色。黄色又被视为超凡脱俗之色，是佛教奉崇的颜色，和尚服饰是黄色的，庙宇也是黄色。紫色是祥瑞、庄重之色，民间素有"画梁紫燕，对对衔泥，飞来又去"之说。红色象征着吉祥与祝福，是中国人喜欢的色彩之一，每到过年过节、喜庆吉日、亲友聚会，都缺少不了红色。在中国古代的民间，人们把红色当作辟邪驱鬼的传统颜色，人逢本命之年，在身上系扎或佩戴红色丝带、布条，或身穿红色袄裤、鞋袜等，用以辟邪免灾。尤其是在民间的嫁娶活动中，红线、红绸、红嫁衣、红盖头、红喜轿等婚庆用品都围绕着红色这一主题元素而展开。白色是凶丧之色，我国古代吊丧所用的车马都是白色的，称为"素车白马"，吊丧者都穿白色衣、戴白色帽，称为"缟素"，现代民间丧事也一直沿用着白色。民间办喜事时身上不能饰以蓝、白、黑等装饰物，办丧事时身上不能穿戴鲜艳的服装和首饰，这种习俗一代又一代地流传于民间。红白色的文化意味已融入中华民族的审美习惯之中。

2.1.2 我国少数民族的色彩观

"色彩在少数民族社会中是作为一种民族风俗习惯出现的，是历史文化积淀的结果，并成为民族文化的一个组成部分。它浸透了普通语言和行为不便或不能表达的意义"。文化传统、地域特点、经济类型、生态环境等综合因素促成了民族的审美心理，并最终形成了可以代表民族的颜色的符号。在少数民族中，人们对于各种各样的色彩有着自己的约定，通过色彩来传递着各种信息。例如，很多少数民族就以服饰颜色为特征来区别不同的支系。在苗族中，"红苗"服饰一般以红色绣布为底，"白苗"服饰则主要以白色绣布为底，而"黑苗"服饰一般以黑紫色布料为多。广西、云南等地的瑶族也因为所着服饰颜色的不同，而有"蓝靛瑶""白裤瑶""红瑶""青裤瑶"等的区分。

我国的少数民族分布非常广，不过在对色彩的使用上，许多不同的少数民族常常有着相同或相似的认识。例如，洁白的颜色被看作像乳汁、白云一样圣洁，象征着光明，象征着吉祥如意，也象征着真理、快乐和幸福；蓝色是天空的颜色，既象征着永恒、坚贞和忠诚，又象征着蓝天，具有安静的协调作用；红色像火和太阳一样给人以温暖和愉快，象征太阳和太阳的光辉，象征着喜庆、吉祥，代表着人们的热情；黄色象征着至高无上的权利，也象征着智慧，同时黄色为五谷，它代表金秋，给人以希望；绿色代表草原和树木，代表生命，象征着春天和青春，象征着万物充满生机，表现了人们热爱生活，追求真理，创造幸福的美好心愿；棕色是沙漠的颜色，广大无比；深绛色被看作福色，人们认为它能带来幸福；黑色象征大地和哀伤，能使人沉着冷静。值得一提的是，在我国的很多少数民族中都有崇黑或尚白的传统。

1. 少数民族的崇黑传统

在我国的少数民族中，彝族、壮族、拉祜族、阿昌族、黎族等都有着崇黑的传统。彝族曾自称"诺苏"或"纳苏"。在彝语中，"诺"和"纳"都是"黑"的意思。黑色在彝族象征庄重、严肃、深沉，包含了高、大、深、广、多、密、强等意义。彝族人安放祖先灵位房间的墙壁也要用烟熏成黑色。在彝族的创世史诗《勒俄特依》中说支格阿鲁是远古彝族先民与大自然奋战的领袖，他射下了六个烈日中的五个、七个月亮中的六个，为民除害，支格阿鲁就是北方飞来的"黑鹰"。这些都表明了彝族敬黑畏黑的习俗。除了彝族之外，壮族、拉祜族、阿昌族、黎族等少数民族也都崇尚黑色，以黑为美，这主要体现在他们的服饰上。黑衣壮的服饰，从头至足，全身上下皆为黑色。男子穿前襟上衣，与宽脚长裤相搭配，头缠厚重的黑布头巾，腰系一条红布或红绸。妇女无论老少，穿右襟、葫芦状圆领紧身短衣，下身搭配宽脚长裤，腰系黑布大围裙，头戴黑布大巾。拉祜族男女服饰大都以黑布衬底，用彩线和花布缀上各种花边和图案，再嵌上亮丽的银泡。妇女喜欢穿开衩很高的黑长袍，头上裹一条一丈多长的黑头巾，末端长长地垂及腰际，用黑巾裹腿；男子也喜头裹黑色头巾。阿昌族喜用黑色头巾包头，男子多穿黑色对襟短上衣，黑色宽管长裤，头上插有红、绿色小绒球。姑娘们的主要服装是黑的，老年人则一年四季穿黑衣裤。而生活在海南岛的黎族人同样以黑为贵，认为黑色是避邪之色，他们的上衣下裳会多以黑色为主色，然后点缀缤纷的其他色彩。[①]

① 张明玲. 色彩文化 [M]. 北京：中国经济出版社，2013：119-120.

2. 少数民族的尚白传统

在我国的少数民族中，藏族、羌族、蒙古族、满族等都有着尚白的传统。白色在藏族心中是神灵的象征，崇尚白色的文化传统深刻影响着其生活的方方面面。洁白的哈达是藏族人最珍贵的礼物，姑娘出嫁时也以骑白马为上，在举行仪式时也会铺上白色的毡子以象征吉祥。居住的帐房或房屋也多为白色，屋顶上还会插上白色经幡来驱邪。在藏区的十字路口会经常见到被称为"嘛呢堆"的白石堆，人们路过时会祷告以求得白石的保佑。藏族的服饰中重要的部位也都为白色，贴身穿的内衣必须是白色，喜欢戴白色的毡帽，穿白色的羊皮长袍，爱围白围裙。羌族人的尚白传统源于对白石的崇拜，羌族人称白石为"阿渥尔"，几乎家家户户屋顶上都会供奉白石，羌族人视其为天神、地神、山神、树神等十二神灵。在羌族文化中，白石还代表着无尽的宝藏，也是吉祥、幸福的象征，是真、善、美的标志。他们尚白的传统还具体表现在其服饰中，羌族人包白色的头帕，穿白色的麻布长衫，套白色的坎肩，打白色的绑腿。蒙古族对白色的喜爱则源于蒙古族先民曾以白狼和白鹿为图腾，《魏书》中称其先民"衣白鹿皮襦袴"。《马可·波罗游记》中记载蒙古族称新年为"白年"，"是日依俗，大汗及其一切臣民皆衣白袍，致使男女老少皆衣白色，盖以白色为吉服"。蒙古族人认为洁白的颜色像乳汁一样，是最圣洁的色彩，据历史记载，成吉思汗的白马是他的神马，战旗也是白色的。蒙古族摔跤手在那达慕大会上也喜欢穿着白色的摔跤服，认为它能给自己带来好运。而在满族文化中，对白山神石的崇拜则直接影响了满族人的尚白传统。长白山被看作是神山，是满族的保护神。神石被称为"石头玛法"，是石头祖宗的意思。满族人将白色视为吉祥如意的象征，《金史·舆服志》中记载着金代女真人"其衣多尚白"，特别是妇女服饰，尤好白色，喜欢白色大袄。[①]

2.2　西方的色彩观

在各国文化中，色彩都蕴涵着深厚的民族情感，有着丰富的象征意义和文化内涵，并且表现出不同地域独特的个性，带有显著的文化烙印。人们常说看到某种色彩就会产生某种联想，这就给色彩赋予了内在的社会意义和文化内涵。因此，色彩就不再只具有单一的自然意义，同时也具有了所处社会的文化和社会意义，西方文化背景下的色彩观与中国传统文化中人们对色彩的认知就有很大差异。

2.2.1　西方文化中的红色

在西方文化中，红色更多时候是一个贬义色彩相当强的词，它象征着残暴流血、危险紧张、放荡淫秽。首先，红色是鲜血的颜色，西方人心目中鲜血是奔腾在人体内的生命之液，一旦流淌下来，生命之花也就凋谢，因此象征着残暴流血，如 red hands（血腥的手）、red revenge（血腥复仇）、red-headed（狂怒的）、a red battle（血战）。其次，红色也象征着危险紧张，在经济或金融领域还代表着经营亏损或股市大跌，如 red alert（空袭报警）、a red adventure（一个令人紧张的冒险故事）、a red flag（危险信号旗）、in the red（经营亏本）、red ink（赤字）等。此外，西方文化中红色有时还象征着放荡、淫秽，如 a red light district（花街柳巷）。在西方基督教的

---

① 张明玲. 色彩文化 [M]. 北京：中国经济出版社，2013：122-124.

宗教传说中，魔鬼撒旦通常也是以红色的形象出现。

因为色彩文化传统的不同，所以在文学作品中，中国人和英美人对红色会产生不同的理解和联想。在翻译古典小说《红楼梦》时，英国翻译家 David Hawkes 在翻译涉及红色的词语时做了一定的变通处理。为了避免"红"引起"暴力""流血"等联想，他选择译《红楼梦》的原名《石头记》，译为 The Story of the Stone，而且将"怡红院"译为 The House of Green Delights，"怡红公子"译为 Green Boy。

2.2.2　西方文化中的白色

西方文化中白色是神灵的颜色，耶稣基督是白色的羔羊，圣经故事里天使总是长着一对洁白的翅膀，头顶上悬浮着银白色的光环，基督教中教士的服装主导色也是白色。西方人认为白色高雅纯洁，所以它是西方文化的崇尚色，几乎找不到白色有消极意义的情况。

白色象征着纯真无邪，如 a white soul（纯洁的心灵）、Snow White（白雪公主）、white wedding（新娘在婚礼上穿的礼服）。白色又象征着正直、诚实，如 a white spirit（正直的精神）、white hand（廉洁诚实）、white men（高尚有教养的人）。白色也象征幸运、吉利，如 a white day（吉日）、white magic（有天使相助的法术）。白色还有合法、无恶意的意思，如 white market（合法市场），a white lie（善意的谎言）。此外，在基督教的文化传统中，白色还是复活之色。在宗教绘画中，复活的基督总是穿白色的衣服。在葬礼上，人们给死者穿上白色的衣服，也是相信死者会复活。

2.2.3　西方文化中的蓝色

在英语中蓝色通常表示不快、情绪低沉、忧郁、沮丧、烦闷。例如，在 a blue Monday（倒霉的星期一）中，blue 所要表达的意思就是过了愉快、幸福的周末，星期一又要上班或上学了，所以情绪不佳。

此外，在西方文化中蓝色还常用来表示社会地位高、有权势、出身于贵族或王族。He's a real blue blood（他是真正的贵族）。在美国英语中 blue book（蓝皮书）是刊载知名人士，尤其是政府高级官员名字的书。

2.2.4　西方文化中的黄色

在西方文化中，黄色通常带有不好的象征意义，被看作是一种代表着背叛、卑鄙、排斥、病态，甚至是色情、淫秽的下贱色彩。

在宗教传说中，背叛耶稣的犹大所穿的衣服相传为黄色，所以在以基督教为主要信仰的西方国家中，黄色就被贴上了背叛、卑鄙的标签。那些被迫把黄色的衣服穿在身上的人往往是受到排斥的人群，因为黄色在黑暗中也十分醒目而不容易掩饰。所以，异教徒受处决时会被挂上黄色的十字，受歧视者居住地的房门上会被涂上黄色。黄色容易褪色，就像纸张日久天长会发黄一样，人随着年龄的增长而逐渐老去之时，人的肤色、牙齿和眼目都会发黄，因此发黄也成为衰老、病态和腐变的标志。此外，西方文化中黄色还经常和色情、淫秽联系在一起。15 世纪的德国，法律规定娼妓们必须身着黄色的短披风或佩戴黄色头巾。据说美国纽约的《世界报》也曾用黄色油墨印刷低级趣味的漫画以争取销路，人们便称这一类不健康的刊物为 yellow press（黄色刊物），还有《纽约新闻》以夸大、渲染的手法报道色情、仇杀、犯罪等新闻，人们又称这一类的新闻为 yellow journalism（黄色新闻）。

2.2.5　西方文化中的黑色

在西方传统的色彩文化中，黑色的象征意义在很多方面和中国是相似的。黑色大多时候让人联想到"黑暗"和"肮脏"，代表着否定和邪恶，象征着结束和死亡，如 blacklist（黑名单）、black market（黑市）、black-hearted（黑心的）、black words（不吉利的话）、a black letter day（凶日）。

黑色在西方文化中象征邪恶、犯罪，如 black man（邪恶的恶魔）、a black deed（极其恶劣的行为）、black guard（恶棍、流氓）；它也象征耻辱、不光彩，如 a black mark（污点）、black sheep（败家子）、a black eye（丢脸、坏名声）；它还象征沮丧、愤怒，如 black dog（沮丧情绪）、The future looks black（前途暗淡）、black Friday（黑色星期五）。此外，黑色也是哀悼的色彩，在葬礼上，它和白色是中西共通的专用色。但是与中国传统文化相反，西方文化中的丧服是黑色的，而死者的衣服是白色的，因为黑色是为死亡而悲哀的颜色，而白色是代表复活的颜色。

尽管如此，黑色在西方文化中并不是一个完全消极的颜色形象，也有其正面的象征意义，例如，商业英语的 in the black 就表示经营一项企业盈利。be in the black（赢利）的反义词是上文中提到的 be in red（赤字），这两个术语都来自记账时所用墨水的颜色。此外，基督教的传教士等神职人员都是穿着黑色的僧服，黑色的西装也是庄重场合的最好选择。

2.2.6　西方文化中的绿色

在西方文化中，绿色带有轻微的贬义色彩，主要有以下几层文化含义：

第一，表示没有经验、缺乏训练、知识浅薄，如 green hand（新手）、green horn（没有经验，容易上当受骗的人）。

第二，表示嫉妒、眼红。据说，嫉妒、不悦或疾病会导致人体的黄色胆汁分泌过多，其症状之一就是脸色或眼睛发青或苍白，故英语中有 green with envy（十分嫉妒），在莎士比亚的著名悲剧《奥赛罗》中有 green–eyed monster（青眼怪物，喻指"嫉妒"）。

第三，表示脸色难看。当有人因为晕船而感觉不适时，就可以说："He looks green"。

第四，象征金钱。因为美元一般是泛绿色，这就赋予了 green 金钱的象征，如 green power 表示经济实力。

总体来说，色彩的象征和联想是一个复杂的心理反应，受到历史、地理、民族、宗教、风俗习惯等多种因素的影响，因人而异，并不是绝对的。

实训项目

任务1　国内外典型色彩名对照

为了更好、更准确地掌握国内外典型的色彩名称，要通过辨认色卡，写出色彩名称的方式来加强对汉语、英语和日语中典型色彩名称的认识和记忆。

活动1　讲解实训要求

教师讲解实训课的教学内容、教学目的。

① 掌握古代汉语中典型的原色和间色名称。

② 掌握现代汉语中表示红、黄、绿、蓝、紫、褐、黑、白、灰九种色调的典型指色词。

③ 掌握英语中表示红、黄、绿、蓝、紫、褐、黑、白、灰等色调的颜色词词群。

④ 掌握日语中表示红、黄、绿、蓝、紫、褐、黑、白、灰等色调的颜色词词群。

活动2　派发色卡任务单

教师课前从色卡对照表中认真挑选不同色调的色卡制作色卡任务单，色卡任务单上要求学生写出色卡所表示的颜色在现代汉语、英语、日语中的不同名称。以小组为单位，给学生派发色卡任务单。

活动3　学生训练、教师巡查

学生以小组为单位，讨论辨认色卡任务单上的颜色，并写出它们的具体名称。教师随时巡查，指导学生。

活动4　实训检测评估

教师通过国内外典型色彩名对照实训检测表（见表3-1）评估学生的实训练习的成果。

表3-1　国内外典型色彩名对照实训检测表

考核项目	考核内容	分值	自评分（20%）	小组评分（30%）	教师评分（50%）	实得分
古代汉语的典型色彩名对照	色彩辨认和色彩名称的表述是否准确	25				
现代汉语的典型色彩名对照	色彩辨认和色彩名称的表述是否准确	25				
英语的典型色彩名对照	色彩辨认和色彩名称的表述是否准确	25				
日语的典型色彩名对照	色彩辨认和色彩名称的表述是否准确	25				
总　　分						

任务2　中西方的色彩观对照

为了更好、更准确地掌握中西方不同的色彩观念，要通过观看文化纪录片的方式对比中国传统文化与西方文化中色彩的不同观念。

活动 1　讲解实训要求

教师讲解实训课的教学内容、教学目的。
① 掌握中国传统文化的色彩观。
② 掌握西方文化的色彩观。

活动 2　观看文化纪录片

教师课前认真挑选诸如纪录片《圆明园》等一些具有较强的色彩视觉感受和色彩文化内涵的视频片段，课堂上给学生播放，并引导学生从色彩文化的角度进行赏析。

活动 3　完成观后感

学生课后完成纪录片观后感，观后感的撰写必须围绕中西方色彩观对照的主题展开。

活动 4　实训检测评估

教师通过批阅学生观后感，检测学生的学习成果。

项 目 小 结

1. 我国传统色彩的表述分为古代汉语和现代汉语两个体系。古代汉语中的典型色彩名主要是黑、赤、青、白、黄五种原色，以及黛、绿、紫、褐、灰等间色。现代汉语中的典型色彩名主要是表示红、黄、绿、蓝、紫、褐、黑、白、灰九种色调的颜色词词群。

2. 英语和日语中都形成了一套较为系统的表示红、黄、绿、蓝、紫、白、黑、褐、灰等色调的颜色词词群。

3. 中国传统的五色体系把黑、赤、青、白、黄视为正色。黑色被认为是天的颜色；红色被认为是太阳之色；青色象征着生机勃发的春天；白色在中国传统的色彩文化观念里一般是禁忌色，是不祥的象征；黄色，居五方之中为主宰之位，被认为是帝王之色。

4. 我国少数民族的色彩观念里，彝族、壮族、拉祜族、阿昌族、黎族等民族有着崇黑的传统，藏族、羌族、蒙古族、满族等民族则有着尚白的传统。

5. 西方文化中的红色是一个贬义色彩相当强的词，它象征着残暴流血、危险紧张；白色是西方文化的崇尚色，它象征着纯真无邪、诚实正直、幸运吉利；蓝色在西方文化中表示不快、情绪低沉，还常用来表示社会地位高、有权势、出身于贵族或王族；黄色则多用来表示背叛、卑鄙、排斥、病态、色情；黑色在西方文化中一般象征着邪恶、死亡和悲哀；绿色多用来表示嫉妒和没有经验。

核 心 概 念

色调；颜色词词群；五色体系；色彩观念。

能 力 检 测

1. 我国古代汉语中的典型色彩名称有哪些？
2. 简述现代汉语中表示红、黄、绿、蓝、紫、白、黑、褐、灰等色调的颜色词词群。
3. 简述英语中表示红、黄、绿、蓝、紫、白、黑、褐、灰等色调的颜色词词群。
4. 简述日语中表示红、黄、绿、蓝、紫、白、黑、褐、灰等色调的颜色词词群。
5. 简述中国传统的五色体系及其文化内涵。
6. 简述西方文化中红色、白色、蓝色、黄色、黑色和绿色的文化含义。

项目4
婚礼色彩设计的方法与运用

学习目标

通过本项目的学习，应该能够：

1. 掌握婚礼色彩设计的含义及设计原则；
2. 掌握婚礼色彩计划的含义及步骤；
3. 掌握婚礼色彩管理的含义及方法；
4. 掌握色彩对比与调和的情感意义；
5. 掌握色彩对比与调和的方法与技巧。

项目概览

色彩来自于生活，只有在生活中观察、研究、表现色彩，才能孕育出新颖感人的色彩设计并逐步形成个人的婚礼色彩风格。通过本项目的学习，要掌握婚礼色彩设计的含义和方法；婚礼色彩计划的含义与步骤；婚礼色彩管理的含义与方法；色彩对比与色彩调和的方法。为了实现教学目标，需要完成三项任务：色彩对比实训、色彩调和实训、制订婚礼色彩计划实训。

核心技能

1. 掌握婚礼色彩设计方法；
2. 掌握婚礼色彩计划；
3. 掌握婚礼色彩管理方法；
4. 掌握色彩对比方法；
5. 掌握色彩调和方法。

理论知识

知识点 1　婚礼色彩设计与管理

婚礼不仅是情感美的显现，也是视觉美的展示。情感美需要新人、宾客和婚庆人员的语言、行动等表现，视觉美需要色彩、形状、构图等元素组成。视觉与情感是互相关联与呼应的，色彩就是情感美和视觉美联系的纽带。

1.1　婚礼色彩设计

在进行婚礼色彩设计时，婚礼策划师不能把婚礼中繁杂的色彩关系单纯地看作色彩搭配，而需要在色彩搭配的基础上结合婚礼的仪式流程及主题进行更加精细与人性化的设计。

1.1.1　婚礼色彩设计简述

1. 婚礼色彩设计的含义

婚礼色彩设计是指根据婚礼策划的主题、新人的需求、婚礼现场灯光环境等，对婚礼空间内的全部色彩进行重构与搭配，使婚礼达到和谐完美的视觉效果与情感体验。

婚礼色彩设计的作用就是通过改变空间内的色彩来干预人的视觉与心理感受，通过心理层面的感观传达，营造婚礼的舒适程度和主题气氛来达到客户的需求、策划师的预想。简单来说就是将婚礼中的色彩安排在适当的位置上，以得到一个最好的效果。

2. 婚礼色彩设计的要求

鲜明性：婚礼的色彩必须个性鲜明，会给观赏者耳目一新的感觉。

独特性：婚礼的色彩要与众不同，具备新人自己独特的风格。

艺术性：婚礼的色彩需要进行大胆的艺术创新，以展示时代特色。

内容性：婚礼的色彩必须按照婚礼的仪式内容进行，为情感服务。

合理性：婚礼的色彩要根据婚礼现场的实际环境进行切实可行的设计。

3. 婚礼色彩设计的相关因素

婚礼色彩设计除了要考虑良好的视觉效果，也要充分考虑人性化的设计因素，因为人才是婚礼的主要构成，不同人对不同色彩的好、恶情感是不同的。

（1）色彩心理与年龄的关系

根据实验心理学的研究，人随着年龄的变化，生理结构也发生变化，色彩所产生的心理影响随之有别。也就是说，年龄愈近成熟，所喜爱色彩愈倾向成熟。

（2）色彩喜好与性格的关系

人们对某种色彩的偏爱与性格有很大关系，不同的色系具有不同的含义。因此可以根据他人的衣着色彩、配饰色彩等身边事物，分析他的性格与需求。

红色：冲动，精力旺盛，具有坚定的自强精神。

橙黄色：对生活富于进取、开朗、和蔼。

黄色：胸怀远大理想，有为他人献身的高尚人格。

绿色：不以偏见取人，胸怀宽阔，思想解放。

蓝色：性格内向，责任感强，但偏于保守。

（3）色彩心理与职业的关系

体力劳动者喜爱鲜艳色彩，脑力劳动者喜爱调和色彩；大多数少数民族人民喜爱鲜艳的、成补色关系或对比关系的色彩；知识分子则喜爱复色、淡雅色、黑色等较成熟的色彩。

（4）色彩偏好与民族的关系

色彩心理喜好与社会因素有关，有人类共性的一面，又有民族、地域差异。

汉族人喜欢红、黄、绿、青，禁忌色彩是黑、白；蒙古族人爱好橘黄、蓝、绿、紫红，禁忌色彩是黑、白；回族人爱好黑、白、蓝、红、绿；藏族人以白为尊贵的颜色，爱好黑、红、橘黄、紫、深褐；维吾尔族人爱好红、绿、粉红、玫瑰红、紫红、青、白，禁忌黄；朝鲜族人爱好白、粉红、粉绿、淡黄；苗族人爱好青、深蓝、墨绿、黑、褐，禁忌白、黄、朱红；满族人爱好黄、紫、红、蓝，禁忌白；黎族人爱好红、褐、深蓝、黑。

1.1.2 婚礼色彩设计的方法 [①]

1. 色调配色

指具有某种相同性质（冷暖调、明度、艳度）的色彩搭配在一起，色相越全越好，最少也要三种色相以上。例如，同等明度的红、黄、蓝搭配在一起。大自然的彩虹就是很好的色调配色。

2. 近似配色

选择相邻或相近的色相进行搭配。这种配色因为含有三原色中某一共同的颜色，所以很协调。因为色相接近，所以也比较稳定，如果是单一色相的浓淡搭配则称为同色系配色。

3. 渐进配色

按色相、明度、艳度三要素之一的程度高低依次排列颜色。特点是即使色调沉稳，也很醒目，尤其是色相和明度的渐进配色。彩虹既是色调配色，也属于渐进配色。

4. 对比配色

用色相、明度或艳度的反差进行搭配，有鲜明的强弱对比。其中，明度的对比给人明快清晰的印象，可以说只要有明度上的对比，配色就不会太失败。例如，红配绿，黄配紫，蓝配橙。

5. 单重点配色

让两种颜色形成面积的大反差，或成互补色关系、对比关系。"万绿丛中一点红"就是一种单重点配色，相当于一种颜色做底色，另一种颜色做立体图形。

6. 分隔式配色

如果两种颜色比较接近，看上去不分明，可以靠对比色加在这两种颜色之间，增加强度，整体效果就会很协调了。最简单的加入色是无色系的颜色和米色等中性色。

---

① 伍铁平 . 论颜色词及其模糊性质 [J]. 语言教学与研究，1986，（2）：88.

1.2 婚礼色彩计划

当人们用眼睛观察自身所处的环境，色彩就首先闯入人们的视线，产生各种各样的视觉效果，带给人不同的视觉体会，直接影响着人的美感认知、情绪波动乃至生活状态、工作效率。

1.2.1 婚礼色彩计划的含义

色彩设计本身就是对色彩进行计划和管理。自然界的色彩现象绚丽多变，而色彩设计方案同样千变万化。

1. 色彩计划

色彩计划是指在商业、工业或生活方面，以发挥色彩的功能效果为目的而有计划地运用色彩。对象包括展览、包装、工厂、车辆、产品、服务、广告、彩色电视、印刷品、排版、服装、住宅、室内装潢等行业，范围很广。[①]

2. 婚礼色彩计划

婚礼色彩计划是指根据婚礼策划主题，采用科学的方法分析定位，运用色彩视觉原理，发挥色彩的功效，应用于婚礼各项领域内的色彩搭配方案。它是一种综合心理学、营销学、艺术学等多学科的整体性色彩规划计划。

1.2.2 婚礼色彩计划的步骤

1. 明晰目标要求

在婚礼色彩计划之初，婚礼策划师首先要明晰一场婚礼色彩计划的目标，并且严格按照目标进行分析定位，随后通过多方良好的沟通和婚礼现场的考察，制订合理、切实可行的色彩计划。而这个色彩计划的目标需要具备以下几个特点：

① 完成周期短：因为婚礼场地布置的时间有限，所指定的色彩计划目标必须可以在短时间内呈现出计划中的色彩效果才可以；

② 环境限制少：适合婚礼现场环境与氛围，设备、环境装潢改动少；

③ 人力物资消耗少：在可控的成本范围内，人力、财力投入合理，不铺张浪费；

④ 效果显而易见：在完成色彩计划目标后，婚礼色彩效果个性独特、耳目一新，且主体性突出。

2. 了解新人需求

在明晰了色彩计划的目标要求后，婚礼策划师可以展开对新人的需求分析，深入了解新人的实际年龄、心理年龄、民族、性格、喜好、职业和理想型婚礼等。这个需求调查的过程不仅是婚礼色彩计划制订的需要，也是婚礼策划前期调查的必经步骤。

3. 绘制色彩草图

在策划师考察实际环境、分析新人需求、制定策划主题后，可以初步确定基本的色彩范围，并绘制草图进行色彩设计。其中，无论是手绘婚礼现场草图还是电子版的婚礼现场效果图，都需要将婚礼现场的各个仪式环境逐一展示出来，甚至包括新人服装、妆容、婚宴、

① 西安建科学校. 装饰设计之色彩 [EB/OL]. http://www.365zhaosheng.com/html/2009/04/200904141310119174197.shtml.

花艺等。

4. 确定色彩计划效果图

待新人与婚庆团队审阅婚礼色彩计划效果后，策划师需根据多方的修改意见进行细节完善与调整，绘制出详细、明晰的婚礼色彩设计效果图。其中需要注意，该效果图是婚礼花艺师、婚礼灯光师、婚礼化妆师的执行样本，因此必须标准、可行、全面、细致，必要时可增加标注、说明。

5. 实施色彩管理

在婚庆团队拿到色彩计划效果图后，最重要的环节就是执行婚礼色彩计划，这个执行的过程就是婚礼色彩管理的过程。即使婚礼色彩计划做得完美，而执行和实施的过程中有偏差或执行不彻底，也完全达不到预计的婚礼色彩效果，甚至干扰到整场婚礼的策划方案。

婚礼色彩管理的要求和过程将在后面详细讲述。

6. 审视整体效果

在婚礼现场布置完成后，审视全场整体效果是必备的收尾步骤。在审视全场色彩效果时需配合灯光音响等，甚至可以与婚礼彩排同时进行，如此才可以看到最接近、最真实的婚礼效果。在审视过程中，如有些许色彩搭配问题，可进行饰物的删减，以此保证婚礼的整体性和色调的统一性。

1.3 婚礼色彩管理

在婚礼色彩设计中，婚礼色彩管理其实就是婚礼色彩计划的执行和实施。

1.3.1 婚礼色彩管理简述

1. 婚礼色彩管理的含义

婚礼色彩管理是指根据婚礼色彩计划对主体进行具体的配色指导，并在面积、材质、形状、位置等方面进行科学性的选择和艺术性的设计，确保最终效果与色彩计划协调一致。

简单地说，就是色彩计划的有效实施。

2. 婚礼色彩管理的原则

婚礼色彩管理的原则有：

① 实施过程中必须忠于婚礼色彩计划；

② 必须由婚庆团队中的专业人员操作；

③ 要善于做精简设计，且保证整体性；

④ 重视新人的需求，与婚礼主题一致。

在婚礼色彩管理的各个环节中，需要校准所有计划内的色彩，以便达到最终的目标，保证每一个色彩实施的准确，才能得到婚礼色彩计划中的色彩设计再现。

1.3.2 婚礼色彩管理的方法

婚礼色彩管理的方法很多，其中最简单的是重点色搭配法，效果丰富而实用的是三色搭配法。

1. 重点色搭配法

重点配色，顾名思义是在婚礼色彩设计中某一色彩起到强调、突出、画龙点睛的作用。重点色一般都应选择安排在画面中心或主要地位，以起到改进整体设计单调、平淡、乏味的状况，最终增强活力感。

（1）面积需适宜

重点色面积过大，则易干扰主色调，从而失去画面的整体统一感；面积过小，则易被四周的色彩所同化，从而失去画龙点睛的作用。只有恰当面积的重点色，才能为主色调作积极的配合和补充，使色调显得既统一又活泼，彼此相得益彰。

（2）突出差异

重点色应选用比主色调色更强烈或能与主色调色产生对比的色彩，但不宜过多，否则多重点则等同于无重点，反而会破坏主次有别、井然有序的效果，产生无序、杂乱的感觉。

2. 三色搭配法

所谓三色指的是主色、辅色和点睛色。下面以某婚礼现场的色彩设计为例讲解主色、辅色与点睛色的要求和使用方法。

（1）婚礼色彩的主色

婚礼色彩的主色一般占婚礼现场面积的 75% 左右。

因主色所占面积大，往往由婚礼宴会厅或酒店环境而定，因为酒店的环境装潢具有固有的色彩且不易改变，所以婚礼的主色必须与婚礼环境的四壁、天花板等的色彩与风格相搭配。

主色确定后，一般应用于婚礼中的纱幔、桌布、地毯等面积较大的区域。

（2）婚礼色彩的辅色

婚礼色彩的辅色一般占婚礼面积的 20% 左右。

辅色一般根据酒店环境、婚礼主题、新人意愿等因素制定。辅色的搭配与设计主要依赖于与主色的对比。例如，明暗衬托：用较大面积的亮色（或暗色）与较小部分的暗色（或亮色）进行对比；冷暖衬托：用较大面积的冷色（或暖色）与较小部分的暖色（或冷色）进行对比；灰艳衬托：用较大面积的灰色（或艳色）与较小部分的艳色（或灰色）进行对比；繁简衬托：用繁杂的色（或简洁的色）与简洁的色（或繁杂的色）进行对比。

辅色确定后往往用于花艺、花门、椅背纱等中部区域。

（3）婚礼色彩的点睛色

点睛色一般占婚礼现场面积的 5% 左右。

点睛色具有醒目、活跃、生动的特点，在构成中"平中求奇""锦上添花"，应注意其位置与面积的关系，可在暗色（或明色）中点缀明色（或暗色）；冷色（或暖色）中点缀暖色（或冷色）；灰色（或艳色）中点缀艳色（或灰色）。

婚礼的点睛色一般用于装饰物的局部、细节等较小面积的区域，一般两到三个为宜。婚礼三色搭配法步骤如图 4-1 所示。

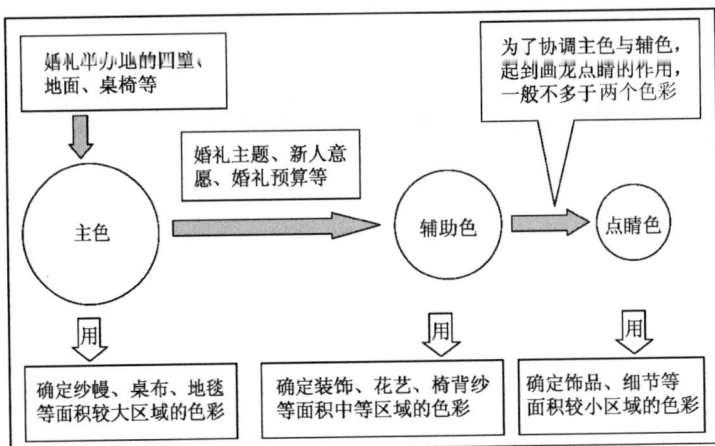

图 4-1　婚礼三色搭配法步骤

主色、辅色、点睛色既相互对比又相互依赖，它们与面积的关系是灵活多变的，因此三色搭配在婚礼色彩中的应用也是十分微妙、富于变化的。

1.4　婚礼色彩的形式美

婚礼色彩的组成是一个繁杂的系统，不仅有平面的色彩关系，还同时与灯光色彩、人物形象色彩、花艺色彩等多个领域的色彩构成关系。因此在进行色彩设计时尤其要注意色彩的形式美。

1.4.1　形式美

形式美指构成事物的物质材料的自然属性（如色彩、形状、线条、声音等）及其组合规律（如整齐一律、节奏与韵律等）所呈现出来的审美特性。形式美的构成因素一般划分为两部分：一部分是构成形式美的感性质料；一部分是构成形式美的感性质料之间的组合规律，即构成规律、形式美法则。[①]

形式美法则主要有色彩对称、色彩均衡、色彩比例、色彩节奏、色彩呼应等。这些规律是人类在创造美的活动中不断地熟悉和掌握各种感性质料因素的特性，并对形式因素之间的联系进行抽象、概括而总结出来的。

1.4.2　婚礼色彩形式美法则

1. 色彩对称

对称是一种形态美，具体表现为左右对称、放射对称、回旋对称等。在中心对称轴左右两边所有的色彩形态对应点都处于相等距离的形式，称为色彩的左右对称，如果色彩及形象通过镜子反映出来的效果一样，均以对称点为中心，两边所有的色彩距对称点都等距，按照一定的角度将原形置于对称点的周围配置排列的形式，称为色彩的放射对称。将回转角做 180° 处理时，两翼成螺旋桨似的形态称为色彩的回旋对称。

对称是一种绝对的平衡。色彩的对称给人以庄重、大方、稳重、严肃、安定、平静的感觉，但也容易使人对图像产生平淡、呆板、单调、缺少活力等印象。

① 佚名. 形式美. 百度百科 [EB/OL]. http://baike.baidu.com/view/85692.htm?fr=aladdin.

2. 色彩均衡

（1）色彩均衡

均衡是形式美的另一种构成形式。虽然为非对称状态，但由于在力学上，支点左右显示异形同量、等量不等形的状态及色彩的强弱、轻重等性质差异关系时，可以表现出相对稳定的视觉生理、心理感受。这种形式既有活泼、丰富、多变、自由、生动、有趣等特点，又有良好的平衡状态，因此，最能适应大多数人的审美要求，是选择配色的常用手法与方案。色彩的平衡还具体分为上下平衡及前后均衡等，这些都要人们注意从一定的空间、立场出发，做好适当的布局调整。

（2）色彩不均衡

色彩布局没有取得均衡的构成形式，称为色彩的不均衡。在对称轴左右或上下所显示出来的色彩的强弱、轻重、大小等存在着明显的差异，表现出视觉心理及心理的不稳定性。由于它有奇特、新潮、极富运动感、趣味性十足等特点，在一定的环境及方案中可大胆加以应用，从而被人们所接受和认可，此称为"不对称美"。但若处理不当，极易产生倾斜、偏重、怪诞、不安定、不大方的感觉，则被认为是不美的。

色彩不均衡的设计一般有两种情况：一种是形态本身具有对称性，而色彩布局不对称，如马戏团的半白半黑小丑装；另一种是形态本身呈不对称状，如单肩、半胸的晚礼服。除此之外，也有上下不对称的处理手法。

3. 色彩比例

色彩比例是指色彩组合设计中各部分局部与局部、局部与整体之间，长度、面积大小的比例关系。它随着形态的变化、位置空间变换的不同而产生，对于色彩设计方案的整体风格和美感起着决定性的作用。

（1）黄金比例

黄金比例即 1:1.618 为其简约比数，实用中通常将色彩比例关系处理为 2:3、3:5、5:8 等序列。

（2）非黄金比例

色彩面积如果有大小、主次之分的配合，则是富有对比情趣的，值得采用。因为只有一方处于大面积优势地位，另一方处于小面积从属状态时，才能形成色调的明确倾向，从而表现出对比美的和谐感觉。

4. 色彩节奏

色彩节奏是指色彩明显带有时间及运动的特征，能感知有规律的、反复出现的强弱及长短变化，是秩序性形式美的一种。通过色彩的聚散、重叠、反复、转换等，在色彩的更动、回旋中形成节奏、韵律的美感。一般有重复性节奏、渐变性节奏、多元性节奏三种形式。

（1）重复性节奏

通过色彩的点、线、面等单位形态的重复出现，体现秩序性美感。简单的节奏有较短时间周期和重复达到统一的特征，适合表现机械和理性的美感。

（2）渐变性节奏

将色彩按某种定向规律做循序推移系列变动，它相对淡化了"节拍"意识，有较长时间的周期特征，形成反差明显、静中见动、高潮迭起的闪色效应。渐变性节奏有色相、明度、纯度、冷暖、补色、面积、综合等多种推移形式。

（3）多元性节奏

由多种简单重复性节奏组成，它们在运动中的急缓、强弱、行止、起伏也受到一定规律的约束，亦可称为较复杂的韵律性节奏。其特点是色彩运动感很强，层次非常丰富，形式起伏多变。不过如果处理、运用不当，易出现杂乱无章的"噪色"等不良效果。

5. 色彩呼应

为使用相关平面或空间不同位置的色彩，使色彩之间有所联系、避免孤立，宜采用"你中有我、我中有你"，相互照应、相互依存、重复使用的手法，从而取得具有统一协调、情趣盎然的反复节奏美感，色彩呼应又称色彩关联，一般有分散法和系列法两种方法。

（1）分散法

将一种或几种色彩同时出现在作品画面的不同部位，使整体色调统一在某种格调中，如浅蓝、浅红、墨绿等色组合，浅色作大面积基调色，深色作小面积对比色，成为粉彩的高长调类型。此时，墨绿色最好不要仅在一处出现，相对集中以外，可适当在其他部位做些呼应，使其产生相互对照的势态。但色彩不宜过于分散，以免使画面出现平板、模糊、零乱、累赘之感。

（2）系列法

使一个或多个色彩同时出现在作品、产品的不同平面与空间，组成系列设计，能产生协同、整体的感觉。

在婚礼色彩设计时要充分考虑人的因素，在色彩计划时要结合婚礼仪式流程，在婚礼色彩管理时要考虑婚礼色彩实施的各个领域的特性与要求，注重婚礼色彩的整体与细节、平面与空间、虚拟色彩与实物色彩的结合等。

知识点 2　婚礼色彩设计的方法——色彩对比

在有关婚礼色彩设计与搭配的方法里，色彩对比是最基础、最系统的方法之一，这种方法适用于婚礼的各个环境和领域。婚礼中装饰色彩诱人的魅力常常在于色彩对比因素的妙用。

2.1　色彩对比

所谓色彩对比就是使色彩之间存在一定的矛盾，这种矛盾可以体现在面积、形状、位置、色相、纯度、明度等方面，总之使其产生色彩差别，从而产生一定的心理感受。

2.1.1　色彩对比的含义

色彩对比指两种或两种以上的色彩放在一起时，由于相互影响的作用而显示出差别的现象。这种差别愈大，对比效果就愈明显，缩小或减弱这种对比效果就趋于缓和。

从一定意义上讲，婚礼的装饰色彩配合都带有一定的对比关系，因为各种色彩在画面或环境中并不是孤立出现的，而总是处于某种色彩环境之中，因此色彩对比作用在色彩构图中是客观存在的。

2.1.2　色相对比

色相对比是将色相环上的任意两色或者三色并置在一起，因它们的差别而形成的色彩对比现象。

色相对比分为原色对比、间色对比、近似色对比、同类色对比、邻近色对比、对比色对比、互补色对比、冷暖色对比等。

1. 原色对比

红、黄、蓝三原色在并置对比中都具有主动性，因此是色相对比中最强的对比，产生的色彩效果极为强烈。

2. 间色对比

橙、绿、紫之间的对比属于间色对比，是比较柔和的色相对比。

3. 近似色对比

近似色对比指色相距离在15°～30°以内的对比，是色相中最弱的对比。因为视觉色彩感弱，因此能给人融洽、含蓄、静谧、朴素的感觉。

4. 同类色对比

同类色对比指色相距离在30°～45°的对比，是色相中较弱的对比。

5. 邻近色对比

邻近色对比指色相距离在50°～60°的对比，属于色相的中度对比。

6. 对比色对比

对比色对比指色相距离在120°左右的对比关系，对比鲜明、强烈、饱满，容易使人兴奋激动，造成视觉和精神的疲劳。

7. 互补色对比

互补色对比指色相距离为180°的对比，是色相中最强的对比关系，视觉效果更完整、更充实、更富有刺激性，给人以饱满、活跃、生动、刺激的感觉。

8. 冷暖色对比

利用冷暖差别形成的色彩对比称为冷暖对比，暖色给人前进感和扩张感，冷色给人后退感和收缩感。

其中，黄与紫是最具冲突的一对，个性悬殊、明暗对比强烈，视觉感强，形象清晰，层次丰富，是最为生动的补色关系；蓝与橙是冷暖对比的代表，红与绿对比明度关系接近，富有色彩表达力度，但容易使眼睛产生眩目感和疲劳感。

2.1.3　明度对比

明度对比是色彩的明暗程度的对比，是将两种以上不同明度的色彩并置时，产生明者更明、暗者更暗的现象，又称色彩的深浅对比。

1. 明度对比的特征

明度对比是色彩对比中最基本的对比，可以是同一色的明暗对比，也可以是多彩色的明暗对比。明度对比的黑、白、灰关系决定着画面的基调，它们之间不同量、不同程度的对比具有能够创造多种色调的可能性。

明度对比强，给人感觉光感强、体感强、形象清晰；明度对比弱，给人感觉光感弱、体感弱、形象模糊。

2. 明度对比的调子[①]

明度对比可以分为 10 种调子：高长调、高中调、高短调、中长调、中中调、中短调、低长调、低中调、低短调、最长调。

① 高长调：反差大，对比强，形象的清晰度高。有积极、活泼、刺激、明快之感。

② 高中调：以高调色为主的中强度对比，效果明亮、愉快、辉煌。

③ 高短调：高调的弱对比效果，形象分辨力差。其特点优雅、柔和、高贵、软弱，设计中常被用来作为女性色彩。

④ 中长调：以中调色为主，采取高调色和低调色进行对比。此调稳静而坚实，给人以强健的男性色彩效果。

⑤ 中中调：是不强也不弱的对比效果，有丰富、饱满的感觉。

⑥ 中短调：中调的弱对比效果。这种画面犹如薄幕一般，朦胧、含蓄、模糊，同时又显色平板，清晰度也极差。

⑦ 低长调：低调的弱对比效果。它给人强烈的、爆发性的、深沉的、压抑的、苦闷的感觉。

⑧ 低中调：低调的中对比效果。这种对比朴素、厚重、有力度，设计中被认为是男性色调。

⑨ 低短调：低调的弱对比效果。它阴暗、低沉、有分量、画面常常显得迟钝、忧郁，使人有种透不过气的感觉。

⑩ 最长调：最明色和最暗色各占一半的配色。其效果强烈、锐利、间接，适合远距离的设计。但是处理不当会容易产生空洞、生硬、眩目的感觉。

以上这 10 种明度调子是明度对比中最基本的调子，在实际运用中有时也会出现一些更细的对比关系。例如高长调，配色中不单有亮色、暗色，还会出现少量的灰层次，这时也可称它为高中长调，但是画面总体还是由高调的强对比来控制的。

3. 明暗对比在婚礼色彩设计中的应用

在婚礼色彩设计中保持明度调子和谐的同时，还要特别关注色彩的彩度和色相倾向。

① 低明度色彩设计：如果低明度色彩在画面面积上占 70% 左右时，婚礼色彩环境能带给人低调、浑厚、神秘的感觉。

② 中明度色彩设计：如果中明度色彩在画面面积上占 70% 左右时，婚礼色彩环境能带给人庄重、大气的感觉。

③ 高明度色彩设计：如果高明度色彩在画面面积上占 70% 左右时，婚礼色彩环境能带给人轻快、明朗、娇媚、纯洁的感觉。

2.1.4 纯度对比

纯度对比是将不同纯度的两色并列在一起，因纯度差而形成鲜色更鲜、浊色更浊的色彩对比现象。

---

① Zoe 编辑. 色彩对比：明度对比（一）[EB/OL]. 科讯网信息中心 http://www.tech-ex.com/learning/swdiy/00442040.html.

1．纯度对比的特征

纯度对比较之明度对比、色相对比更柔和，更含蓄。

纯度对比的强弱取决于对比色彩间彩度差的大小。

纯度对比越强、色相越鲜明，越能给人以艳丽、活泼的感觉；纯度对比越弱，配色越粉、灰、脏，越给人以沉闷、单调的感觉。

2．纯度对比的调子

（1）鲜调

当高纯度色彩占画面面积的 70% 左右时，能够形成高纯度基调，即鲜调。

高纯度基调给人的感觉积极、强烈而冲动，有膨胀、外向、快乐、热闹、聪明、活泼的感觉。但运用不当也会产生残暴、恐怖、疯狂、低俗、刺激等效果。

（2）中调

中纯度色彩在画面面积中占 70% 左右时，构成中纯度基调，即中调。

中纯度基调给人的感觉是中庸、文雅、可靠。如果在画面中加入 5% 左右面积的点缀色就可取得理想的效果。

（3）灰调

当低纯度色彩占画面面积的 70% 左右时，构成低纯度基调，即灰调。

低纯度基调给人的感觉为平淡、消极、无力、陈旧，但也有自然、简朴、耐用、超俗、安静、无争、随和的感觉。但应用不当时会引起肮脏、土气、悲观、伤神等感觉。

3．纯度对比在婚礼色彩设计中的应用

为了避免纯度对比因鲜艳程度的差异而使婚礼现场显得过于热烈或热闹，可以采用以下方法：

（1）加入白

纯色中混合白色可以降低色彩纯度，提高明度，使其更适合婚礼的主基调，营造明亮、干净的感觉。

（2）加入黑

纯色中混合黑色，降低了色彩纯度和明度，使色彩失去原来的光亮感，能够使婚礼现场呈现大气的奢华之感。

（3）加入灰

纯色加入灰色，会使色彩变得柔和、色味软弱，但同样会使婚礼达到具有欧式古典美的高级之感。

2.2　婚礼色彩对比常用的方法

在实际的婚礼色彩设计中，若想采用色彩对比方法达到某种效果，不仅可以从色彩三要素入手进行色彩设计，也可以通过面积对比、形状对比、位置对比等丰富而实用的方法取得特定装饰性的效果。

2.2.1　面积对比

面积对比是指各种色彩在画面中所占的面积比例不同而引起的色彩感觉的差异。

1. 面积对比的规律

面积大小的改变直接影响着色彩的感觉。若两种色彩的面积相当，两种色彩互相博弈，争抢主色调，则对比效果强烈，调和效果差；若两种色彩面积悬殊，反而能使色彩主次关系清晰，对比效果并不太明显，从而产生良好的调和效果。

2. 面积对比在婚礼色彩设计中的应用

（1）纯正色的面积对比

纯色色彩的均衡取决于明度和面积两种因素。歌德曾根据颜色的光亮度定义了纯正色的明度数比：黄：橙：红：紫：蓝：绿 =9：8：6：3：4：6。

上述色彩的面积比应与明度比成反比关系。若想使婚礼得到和谐的效果，需减小明度和面积的反差；要得到强烈的装饰效果则加大二者的反差。例如，黄色较紫色明度高三倍，为取得和谐的婚礼效果，所采用的黄色只要有紫色面积的三分之一就可以。

（2）面积对比构成的色调

有婚礼策划师担心，使用面积对比的方法会干扰婚礼的主色彩，影响整体视觉效果。其实，适当的面积对比可以形成鲜明的整体色彩关系。

以高纯度色面积占绝对优势可构成鲜调；以中纯度色面积占绝对优势可构成中纯度基调；以低纯度色面积占绝对优势可构成灰调；以暖色面积占绝对优势可构成暖色调；以冷色面积占绝对优势可构成冷色调。

2.2.2　形状对比

当人们关注色彩的时候，总是会伴随一定的形状被人们所感受，形状的变化也会使色彩受影响，因为形状是色彩存在的视觉要素之一。

1. 形状对比的规律

形状越完整、单一，对比效果越强；形状越分散、复杂，对比效果越弱。

形状简单者，可配多种色彩来增强画面的饱满性，使其丰富；形状复杂者，忌用多色配比，否则会显得杂乱无章，呈散乱效果。

2. 形状在婚礼色彩设计中的应用

在婚礼中，不同的形状有不同的独特意义，配之相应的色彩更有不同的情感意义。正方形代表静止的事物，象征公正、有序；三角形代表思想，象征稳定、坚定；圆形则代表着处于不停运动的精神，象征着圆满、完整。

2.2.3　位置对比

所有色彩在平面和空间中都是处于某一位置上的，因此，对比效果不可避免地要与色彩的位置发生关联，这种位置关系可分为上下、左右、远离、邻近、接触、切入、包围等。

1. 位置对比的规律

对比中的色彩位置越近，对比效果越强，反之则越弱；两种色彩呈接触、切入的位置时，对比效果更强；一种色彩包围另一种色彩时，对比效果最强。

2．位置在婚礼色彩设计中的应用

视觉中心部位决定着视平线的高低，同时决定着画面的构图，对色彩来说也是最稳定、最有生气、对比最强有力的地带，如黄金分割中的"黄金涡"、井字形构图的四个交叉点等。

除以上常用的色彩对比方法之外，还有聚散对比、同时对比、连续对比等色彩对比方法，在婚礼色彩设计时各种对比方法往往是相互关联的、共存的，是牵一发而动全身的关系，因此要注意在掌控色彩整体布局的同时，时刻进行细节调整。

知识点 3 婚礼色彩设计的方法——色彩调和

调和就是调整、搭配之意，即色彩通过组合后会更为和谐、融洽、有秩序。色彩的对比是绝对的，调和是相对的，对比是目的，调和是手段。

3.1 色彩调和的方法

调和指对有差别、有对比的事物，为了使之成为和谐的整体而进行调整、搭配和组合的过程。

3.1.1 色彩调和的含义

1．色彩调和的定义

色彩调和指将两种或两种以上的色彩组合在一起时产生的既协调又统一的视觉效果。

色彩调和就是色彩的色相、明度、纯度之间的组合"节律"关系。

2．色彩调和的意义 [①]

色彩调和的意义有：

① 调和是对比的反面，与对比相反相成，体现近似感、秩序感。

② 调和感觉是视觉生理最能适应的感觉，是视觉生理的平衡。

③ 调和是形象感受的需要，是色彩关系与形象展示的统一，是色彩布局不可缺少的部分。

④ 调和是色彩与作品内容的统一，调和是色彩与设计功能的统一，调和是色彩与审美需求的统一。

⑤ 调和与对比都是构成色彩美感的要素，调和是抑制过分对比的手段。

3.1.2 同一调和

1．同一调和的含义

以单一色料混入各种颜色的色料中，增加各种颜色的同一因素，减少两个或两个以上的色彩对比的差异。

通过改变色彩的明度、色相、纯度，使差异的各种颜色逐渐缓和，增加色彩中同一的一致性的因素，一致性的因素越多，调和感越强。

2．同一调和的方法

同一调和的方法有以下几种：混入同一白色调和、混入同一黑色调和、混入同一灰色调和、

---

① 佚名. 色彩调和. [EB/OL].http://baike.baidu.com/view/2343915.htm?fr=aladdin.

混入同一原色调和、混入同一间色、复色调和、互混调和、点缀色同一调和、连贯同一色调和、同色相的调和、同明度的调和、同纯度的调和等。

3.1.3 近似调和

1. 近似调和的含义

近似调和的同一成分较多，因此使性质与程度很接近的色彩组合在一起，以增加对比色各方的同一性，使色彩间的差别减小，避免或削弱色彩的对比感，取得或增强色彩调和的基本方法，称近似调和法。

调和并非绝对同一，也可以保留差别，增强不带尖锐刺激的调和也是重要方法。

2. 近似调和的方法[①]

近似调和的方法主要有：非彩色明度近似调和、明度近似调和、彩度近似调和和色相近似调和。

① 非彩色明度近似调和：指用黑、白、灰等色组成的高短调、中短调、低短调，其调和感最强。

② 明度近似调和：色调因色相而异，又因彩度而异，调和感强而变化又极为丰富。例如，红色中短调、绿色中短调、黄色高短调、蓝色低短调、紫色低短调都属于明度近似调。

③ 彩度近似调和：用同种色相所组织的鲜色调、含灰调、灰色调都是调和的色调，所组织的色调，还可以因色相而异，也是调和感较强、变化又极为丰富的调和色调。

④ 色相近似调和：在色相环中，红、橙、黄、绿、青、蓝、紫等色相的近似调和。它包含高调、中调、低调的色相近似，鲜色调、含灰调和灰色调的色相近似等许多同彩度、同明度的色相近似调和。

除此之外，同色相的彩度与明度近似调和属于一种性质相同、其余两种性质接近的调和，这种性质的调和还有同彩度的明度与色相近似调和、同明度的色相与彩度近似调和等。用这些方法均可组织色相、明度、彩度等变化很多的近似调和。

还有一种色相、明度、彩度都近似的调和，此种调和方法是近似调和色调中效果最丰富、调和感最强的组色方法。

3.1.4 对比调和

1. 对比调和的含义

对比调和是指以强调变化而组合的和谐的色彩。其中，明度、色相、纯度三种要素可能都处于对比状态，因此色彩更富于活泼、生动、鲜明的效果。例如，红与绿、黄与紫、蓝与橙的调和。

对比调和的色彩组合关系要达到某种既变化又统一的和谐美，主要不是依赖要素的一致，而要靠某种组合秩序来实现，是一种秩序调和。

2. 对比调和的方法

对比调和看似明度、色相、纯度的差异度比较大，但是可以采用以下方法为其增加统一性以体现秩序的调和关系。

---

① 佚名. 色彩调和. [EB/OL].http://www.baike.com/wiki/ 色彩调和.

① 利用面积调和法，即大面积冷对小面积暖。

② 利用聚散调和法，即冷聚热散。

③ 利用中性色作间隔法，如采用黑、白、灰作中间色。

④ 利用间色序列推移法。

⑤ 降低双方或一方纯度法。

⑥ 提高一方明度法。

3.1.5　秩序调和 ①

1. 秩序调和的含义

秩序调和是指依赖色彩三要素，靠某种组合秩序来实现色彩一致。

明度秩序调和中纯色加白或加黑，可以构成明度的渐变，等级越多调和感越强。色相秩序调和：红、橙、黄、绿、蓝、紫所构成的色相秩序，无论高、中、低纯度秩序均能获得以色相为主的秩序调和。

2. 秩序调和的方法

① 在对比强烈的两色中，置入相应的色彩的等差、等比的渐变系列，以此结构来使对比变得柔和，形成色彩调和的效果。

② 通过面积的变化统一色彩。

③ 在对比各色中混入同一色，使各色具有和谐感。

④ 在对比各色的面积中，相互放置小面积的对比色，如在红绿对比中，红面积中加上小面积的绿色，绿面积中加上小面积的红色；或者在对比各色面积中都加入同一种小面积的他色，也可以增加调和感。

⑤ 在色相环上确定某种变化的位置，这些位置以某种几何图形出现，从而找到调和的色组。

3.1.6　其他色彩调和方法

1. 非彩色调和

非彩色调和是指无纯度的黑、白、灰之间的调和。黑、白、灰与其他彩色搭配也能取得调和感很强的色彩效果。这种调和方法因为不需考虑色相，所以无彩色系与有彩色系调和是最容易的。

2. 面积调和

面积调和是通过面积的增大或减少，来达到色彩调和。实质上是与色彩三属性无关，而是当一对强烈的对比色出现时，双方面积越小，越调和。双方面积悬殊越大，调和感越强。

3. 同类调和

同类调和是同类色相中的调和，即在一种单一的色相中求得调和的效果。一般通过明度或纯度的变化来构成画面的适度对比。凡同类色相均能达到调和。

4. 分割调和

分割调和是在两种对立的色彩之间建立起一个中间地带来缓冲色彩的过度对立。它实质上

---

① 伍铁平 . 论颜色词及其模糊性质 [J]. 语言教学与研究，1986,（2）：88.

不改变对比色的任何属性，只是在各种对比色之间建立缓冲区。如把两块对比色用粗白线或粗黑线这种中间色勾山，使两对对比色互不侵犯、平稳和谐，视觉上引起强刺激。

3.2 婚礼色彩调和的常用方法

美的事物总是和谐的、统一的，和谐与统一是婚礼色彩设计的根本法则之一，在统一与变化中求得的和谐是任何对比、差别、矛盾最好的视觉效果。

3.2.1 婚礼色彩调和的原则

1. 和谐来自对比

有对比才有和谐。调和并不是完全统一，即使是互补色的配和，在生理上也是调和的，因为宾客在看婚礼中的某一色时总是有色彩欲求的，可以添加与此相对应的补色来取得生理上的平衡。

2. 秩序产生和谐

婚礼中的色彩缤纷多样，如何进行调和呢？最简单的方法就是制定秩序。无论是明暗、光影、强弱、冷暖、灰艳、色相等变化，都存在一定的"自然秩序"，即自然的规律，有秩序就有节奏，即和谐。

3. 满足视觉需求

能引起观者审美心理共鸣的配色是调和的。但是每对新人的民族、生理、心理、职业、气质、爱好、兴趣及风格习惯等方面有所不同，因此在婚礼色彩方面则各有偏爱。只有当色彩调和的情趣与人的思想情绪发生共鸣时，也就是当婚礼的色彩搭配和谐时，才能使人们感到色彩和谐的愉快。

4. 实用即是和谐

配色必须考虑到是否实用。虽然婚礼色彩艳丽，一般应选柔和明亮的配色，但也应该避免使用过分刺激的色彩，防止视觉疲劳。

除上述原则以外，婚礼色彩的调和还与色彩的形状、位置、组合形式、表现内容等因素有关。

3.2.2 婚礼色彩调和的方法

在婚礼色彩设计经验中，凡是悦目的色彩都能满足于"长久的注目"这一生理需要，并且能适应一定文化环境和一定群体环境。因此，掌握色彩调和的方法可以营造视觉的舒适性，增加婚礼参与者的舒适感与投入性。

1. 混入白色调和

在对比强烈的色彩中（包括色相、明度、纯度过分刺激的色彩）混入白色，使之明度提高，纯度降低，可以减少色彩差异，使婚礼营造一种唯美、纯净的感觉，混入的白色越多调和感越强。

2. 混入黑色调和

在对比强烈的色彩中混入黑色，使婚礼色彩的明度、纯度降低，对比减弱，双方混入的黑色越多，调和感越强，在婚礼中配上灯光效果营造一种神秘的气氛，适合暗场婚礼。

3. 混入同一灰色调和

在对比强烈的色彩中混入同一灰色，实际上是在对比色的双方或多方同时混入白色与黑色，使婚礼色彩的明度向该灰色靠拢,纯度降低,色相感削弱,会营造出一种古典的、高级的色彩效果。

4. 混入同一原色调和

在对比强烈的色彩中混入同一原色（红、黄、蓝任选其一），使双方或多方的色相向混入的原色靠拢。

5. 连贯同一色调和

在婚礼色彩运用中，对比的各个色彩过分的差异强烈，会显得十分不调和，或色彩过分的含混不清时，为了使婚礼现场达到统一，调和的色彩效果，可以选用黑、白、灰、金、银或同一色线加以勾勒，使之既相互连贯又相互隔离而达到统一。

6. 互混调和

在对比强烈的色彩双方，使一色混入其中的另一色，如红与绿调和时，保持红色不变，在绿色中混入红色，使绿色也含有红色的成分，也可以两种色互混，增加同一性。

无论是色彩对比还是色彩调和，婚礼一定要形成色调关系，色调对婚礼风格的形成起到很大的作用，灵活地使用色彩对比和色彩调和才可以使婚礼更加漂亮、富有韵味。

实训项目

任务 1　色彩搭配实训——色彩构成

色彩对比与色彩调和是婚礼色彩设计的重要方法，其包含着诸多搭配技巧，色彩对比设计与色彩调和设计方法体现在婚礼色彩的各个领域，下面以色彩构成作品为题，进行色彩对比和色彩调和的实训。

活动 1　讲解实训要求

1. 教师讲解实训课教学内容、教学目的
教师讲解色彩构成的绘制要求，并重点说明色彩对比与色彩调和的方法与技巧。

2. 提出实操步骤与要求
①工具：水粉颜料、调色盘、水粉纸、水桶、手笔、圆规、三角板、刻度尺、细透明胶等。

②绘制草图：尺寸为 15 cm×15 cm，在规定的尺寸内，绘制铅笔稿——线稿。注意轻画轻擦，避免磨损纸面，影响后期涂色；可以用细透明胶带，轻轻贴在草图的四个外边缘。

③涂色：按照构思与命题，进行色彩填涂。注意根据图案大小选画笔，保持整体色调，点线面及主次关系。

活动 2　教师讲解评分标准

本次任务主要从主题立意、图案绘制、构图、色彩绘制、职业素养、创意性等方面进行评估。

活动3　学生训练、教师巡查

学生进行绘图涂色实训，教师随时巡查，指导学生。

活动4　实训检测评估

教师通过实训检测表评估学生实训练习的成果，具体表格如表4-1所示。

表4-1　色彩搭配实训——色彩构成检测表

考核项目	考核内容	分值	公众评分（50%）	教师评分（50%）	实得分
主题立意	立意明确，个性创新，且色彩关系与色彩主题贴合	15			
图案绘制	点线面关系恰当，主次分明	15			
构图	构图得当，比例得体，且色调统一和谐	15			
色彩绘制	色彩填涂细致、色彩搭配切题、色彩工具使用熟练灵活	25			
职业素养	按时提交作业，卷面整洁	5			
	良好的保证实训环境，做好卫生清洁	5			
创意性	独立创作、色彩搭配新颖、个性鲜明	20			
总　分					

明度对比、色相对比、纯度对比是最基本、最重要的色彩对比形式。在实践中很少有单一对比形式出现，绝大部分是以明度、色相、纯度综合对比的形态出现，因此，在进行色彩构成创作和绘制时，不要隔离色彩对比和调和的关系。

任务2　色彩搭配实训——秘密花园

任务1使用了水粉颜料进行色彩构成的实训练习，通过练习切实体验到了色料配色中色彩混合的呈现效果，也进一步练习了手绘的笔法和技巧。此次实训，主要通过一款手机APP程序进行色光的配色练习，也是一种计算机配色的练习。

活动1　讲解实训要求

1. 教师讲解实训课教学内容、教学目的

教师进行软件介绍：momi涂色秘密花园是一款免费的计算机涂色软件。软件中包含了大量的线稿，图案精致，风格唯美，配色模板丰富，涂色操作简单。因此，选择这款软件进行实训操作。

2. 提出实操步骤与要求

①打开momi软件，选择任意主题图案；

②根据配色方法，制订初步的色彩计划，即确定整体色调与色彩范围；

③根据色彩计划进行色彩填充；

④审视整体效果，进行调整；

⑤保存图片，为色彩作品命名，将作品图片发至班级 QQ 群，并以发消息的方式提交作品主题名。

活动 2　教师讲解评分标准

本次任务主要从操作熟练程度、搭配效果、作品提交等方面进行评估。

活动 3　学生训练、教师巡查

学生按照要求进行操作，教师随时巡查，指导学生。

活动 4　实训检测评估

教师通过实训检测表评估学生的实训练习成果，具体表格如表 4-2 所示。

表4-2　色彩搭配实训——秘密花园检测表

考核项目	考核内容	分值	公众评分（50%）	教师评分（50%）	实得分
操作熟练程度	软件使用顺畅，操作熟练	10			
搭配效果	色彩计划与色调明确，主题突出	10			
	配色方法正确，色彩范围选择适当	20			
	色彩主次关系明确，点线面基调突出	20			
	能够运用色彩突出重点，色彩搭配适当	20			
作品提交	作品命名创新且贴合色彩主题	10			
	提交作业及时，格式正确	10			
总　　分					

学生作品赏析如图 4-2 所示。

图 4-2　婚礼三色搭配法学生作品赏析

抓住色彩节奏与韵律，巧妙有机地调度，各种色彩，按照一定的层次与比例，有秩序、有节奏地彼此相互联结、相互依存、相互呼应，从而构成和谐的色彩整体，而多样与统一仍是色彩调和的基本法则。

任务3　制订婚礼色彩设计计划实训

婚礼色彩设计的发挥，包含策划师的个性、生理素质、心理素质在色彩上的展现，以及感受婚礼主题、创作色彩色调的整个过程，是策划师对艺术中的对比、和谐、节奏、均衡、比例、韵律等因素整体把握和运用的过程。

活动1　讲解实训要求

1. 教师讲解实训课教学内容、教学目的

教师讲解色彩设计的要求，并重点说明婚礼色彩设计计划的制订步骤。

2. 提出实操步骤与要求

① 明晰目标要求。

② 了解新人需求。

③ 绘制色彩草图。

④ 确定色彩计划效果图。

色彩管理的实施和审视整体效果两部分内容将分别在后面章节中体现。

活动2　教师讲解评分标准

本次任务主要从目标制定、客户调研、草图绘制、效果图制作等方面进行评估。

活动3　学生训练、教师巡查

学生按照小组进行分工协作，教师随时巡查，指导学生。

活动4　实训检测评估

教师通过实训检测表评估学生的实训练习的成果，具体表格如表4-3所示。

表4-3　制订婚礼色彩设计计划实训检测表

考核项目	考核内容	分值	公众评分（50%）	教师评分（50%）	实得分
目标制定	完成周期短、环境限制少、人力物资消耗少、效果显而易见	15			
客户调研	内容全面、沟通流畅	15			
草图绘制	草图绘制仔细、色彩说明明了	20			
效果图制作	服装、妆容、花艺、场布等全面统一，细节详细，主题突出	50			
总　分					

策划师不仅要对色彩有敏锐的感觉，而且要有极其精细的观察能力，并根据色彩的规律进行思考，苦心推敲与经营，寻找贴切的、体现创作内容的色彩语言，有意识地组织加工，运用艺术法则进行整体的创作，表达出内心的体验，形成对色彩的内省情绪和情感，并将它明确而集中地表现出来。这种色彩的艺术语言，是被体验和理解的情感表现，具有象征性的、真实和独具特色的生活意境。

项 目 小 结

1. 婚礼色彩设计是指根据婚礼策划主题、新人的需求、婚礼现场实施情况等，对婚礼空间内的全部色彩进行重构与搭配，使婚礼达到和谐完美的视觉效果。

2. 婚礼色彩计划是根据设计主题，采用科学的方法分析定位，运用色彩视觉原理，发挥色彩的功效，应用于婚礼各项领域内的色彩搭配方案，即是婚礼色彩计划。它是一种综合心理学、营销学、艺术学等多学科的整体性色彩规划。

3. 婚礼色彩管理是指根据婚礼色彩计划对主体进行具体的配色指导，并在面积、材质、形状、位置等方面进行科学性的选择和艺术性的设计，确保最终效果与色彩计划协调一致。

4. 形式美指构成事物的物质材料的自然属性（色彩、形状、线条、声音等）及其组合规律（如整齐一律、节奏与韵律和谐等）所呈现出来的审美特性。

5. 色相对比是将色相环上的任意两色或者三色并置在一起，因它们的差别而形成的色彩对比现象。明度对比是色彩明暗程度的对比，又称色彩的黑白度对比。将两种以上不同明度的色彩并置时，产生明者更明、暗者更暗的现象即明度对比，又称色彩的深浅对比。纯度对比是指较鲜艳的色与含有各种比例的黑、白、灰的色彩（即模糊的浊色）的对比，是将不同纯度的两色并列在一起，因彩度差而形成鲜的更鲜、浊的更浊的色彩对比现象。

6. 色彩调和指将两种或两种以上的色彩组合在一起时产生的既协调又统一的视觉效果。同一调和是指当两个或两个以上的色彩对比效果非常尖锐刺激的时候，将一种颜料混入各色中去增加各色的同一因素，改变色彩的明度、色相、纯度，使强烈刺激的各色逐渐缓和，增加同一的一致性的因素越多，调和感越强。在色相、明度、纯度三种要素中，有某种要素近似，变化其他的要素，被称为近似调和。对比调和是以强调变化而组合的和谐色彩。对比调和的色彩组合关系要达到某种既变化又统一的和谐美，主要不是依赖要素的一致，而要靠某种组合秩序来实现，又称为秩序调和。

核 心 概 念

婚礼色彩设计；婚礼色彩计划；婚礼色彩管理；形式美；色相对比；明度对比；纯度对比；色相调和；同一调和；近似调和；对比调和；秩序调和；非彩色调和。

能 力 检 测

1. 简述婚礼色彩设计的含义及方法。
2. 简述婚礼色彩计划的含义及步骤。
3. 简述婚礼色彩管理的含义及方法。
4. 解释什么是色相对比、明度对比、纯度对比？
5. 简述色彩三要素之间的对比关系。
6. 简述其他色彩对比的方法。
7. 简述色彩调和的原则。

项目5
婚礼化妆造型的色彩设计与应用

学习目标

通过本项目的学习，应该能够：

1. 掌握婚礼新人的色彩诊断方法；
2. 掌握化妆常用色彩搭配技巧；
3. 掌握婚礼新人妆色的色彩搭配技巧；
4. 掌握婚礼新人服饰的配色方法。

项目概览

婚礼化妆造型的色彩设计与应用是婚礼色彩的重要内容，通过学习要掌握婚礼新人的色彩诊断方法；化妆常用色彩搭配技巧；婚礼新人妆色的色彩搭配技巧；婚礼新人服饰的配色方法。为了实现教学目标，需要完成三项任务：第一，婚礼新人个人形象色彩诊断实训；第二，婚礼新人妆容色彩搭配填图实训；第三，婚礼新人服装色彩搭配填图实训。

核心技能

1. 掌握婚礼新人的色彩诊断方法；
2. 掌握化妆常用色彩搭配技巧；
3. 掌握婚礼新人妆色的色彩搭配技巧；
4. 掌握婚礼新人服饰的配色方法。

理论知识

知识点1　婚礼新人的色彩诊断

婚礼是人们极为珍视的重要仪式，婚礼妆也是新娘一生中最美丽、最难忘的修饰。由于举行婚礼的季节不同、地区差异，人们穿着服装的质地也各有差异，因此婚礼妆没有统一的模式，要根据季节和服饰的变化，运用不同的色彩和妆型。

1.1　婚礼妆的妆面特点

从狭义上看，婚礼妆主要包括新娘妆和新郎妆。从广义上看，伴娘、伴郎及新人家人的妆型也可以称为婚礼妆。本部分探讨的婚礼妆是狭义的新娘妆和新郎妆。

1.1.1　婚礼妆的特点

婚礼妆的主要特点是喜庆、典雅，一般以暖色和偏暖色调为主。但是随着人们对婚礼理念的新认识和婚纱的普遍应用，婚礼妆也经常使用一些柔和的冷色化妆。

妆型给人以端庄、典雅、大方之美感，妆色浓度介乎于浓妆和淡妆之间。

传统新娘妆用色常以偏暖色为主，现代新娘妆妆型圆润、柔和，充分展示女性的端庄、娇媚和纯洁。新郎妆以不露痕迹为宜，适当修饰的妆型带有棱角，妆色自然，展示男性的英俊潇洒。

新娘妆与新郎妆要和谐，刚柔并济。新娘妆和新郎妆最好同时化妆、整理。这样会更加协调、完美。

1.1.2　婚礼妆的注意事项与要求

婚礼妆的注意事项与要求如下：

① 婚礼妆的色彩与服饰色彩要协调。

② 婚礼妆色的浓淡应与季节、服装质地、款式相协调。

③ 妆面要洁净，牢固性强，有整体感。

④ 妆色要协调。新娘妆的妆型要圆润柔和，充分展示女性的婀娜柔美；新郎妆妆型要略带棱角，妆色自然，展示男性的阳刚之气。

⑤ 给新娘化妆时，要尽量多地使用美容化妆手段，除了要精心设计、细心化妆修饰外，发型的梳理、服饰的选择、饰物的搭配也要协调，让青春俊美、娇柔、华丽、清纯、甜美相得益彰，使新娘光彩照人。

1.2　婚礼新人的色彩诊断

要对婚礼新人进行色彩诊断，必须首先了解"四季色彩理论"。

1.2.1　"四季色彩理论"的出现

"四季色彩理论"是当今国际时尚界十分热门的话题，它由美国的色彩第一夫人卡洛尔·杰克逊发明，并迅速风靡欧美，后由佐藤泰子引入日本，并研制成适合亚洲人的颜色体系。1998 年，该色彩体系由色彩顾问于西蔓女士引入中国，并针对中国人肤色特征进行了相应的改造。"四季色彩理论"给世界各国女性的着装带来了巨大的影响，同时也引发了各行各业在色彩应用技术方面的巨大进步。

1.2.2　"四季色彩理论"的含义

　　"四季色彩理论"的重要内容就是把生活中的常用色彩按照基调的不同，进行冷暖、明度和纯度的划分，进而形成四大组和谐关系的色彩群。由于每一组色彩群的颜色刚好与大自然四季的色彩特征相吻合，因此，就把这四组色彩群分别命名为"春""秋"（暖色系）和"夏""冬"（冷色系）。

　　如同自然界的一切生物都有自己的颜色一样，人们的身体也是有颜色的，决定人们肤色的是人们体内与生俱来的、具有决定性作用的三种色素：

　　核黄素——肤色呈现黄色；

　　血色素——肤色呈现红色；

　　黑色素——肤色呈现茶色。

　　核黄素和血色素决定了一个人肤色的冷暖，而肤色的深浅明暗是黑色素在发生作用。黄种人的眼珠色、毛发色等身体色特征，也都是在这三种色素的组合作用下呈现出来的结果。在看似相同的外表下，每个人在色彩属性上其实是有差别的。即使晒黑了、脸上出现些瑕疵，或者皮肤随着年龄的变化逐渐衰老，每一个人也不会跳出既定的"色彩属性"。

　　无论什么种族，都可以把人的身体色特征区分为两大基调——冷色调和暖色调。以黄为底调的人为暖色调人，以蓝为底调的人为冷色调人。当然，也有少部分人的身体色特征在冷暖调上区别不明显，属于混合型的人。

　　暖色调人的皮肤透着象牙白、金黄褐色或金褐色的底色调。冷色调人的皮肤透着粉红、蓝青、暗紫红或灰褐色的底色调，冷暖基调分析如表 5-1 所示。

表5-1　冷暖基调分析

部　位		A（冷）	B（冷）	C（暖）	D（暖）
头发		明亮而柔和的茶色、黑棕色	黑色 焦茶色	亮茶色	棕黑色 棕黄色
瞳孔		焦茶色 茶色	深黑或暗焦茶色	亮茶色	深茶色 棕黑色
皮肤	白	带蓝调的粉色	带蓝调的驼色	象牙色	金驼色
	黑	带蓝调的米色	带蓝调的驼色	黄驼色	金驼色
脸颊的红晕		粉玫瑰色	玫瑰色	珊瑚粉色或发黄粉色	棕色系的橙色
指尖		深红色	带蓝调的深红	珊瑚粉色	黄红

　　"四季色彩理论"的最大成功之处在于它解决了人们在装扮用色方面的难题。一个人如果知道并学会运用自己最适合的色彩群，不仅能把自己独有的品位和魅力最完美、最自然地显现出来，还能因为通晓服饰间的色彩关系而节省装扮时间、避免浪费。重要的是，由于了解什么颜色是最能提升自己的颜色，什么颜色是自己的"排斥色"，就会在形象设计中轻松驾驭色彩，科学而自信地装扮出最漂亮的自己和他人。

1.2.3　色彩季型的诊断

为了更好、更准确地掌握人们合适的颜色，必须了解每个人的身体色特征。对身体色特征"冷""暖"的理解和学习是掌握个人色彩诊断技巧重要的第一步。

1. 春季型人

春季型人与大自然的春天有着完美和谐的统一感。他们往往有着明亮的眼眸与光滑纤细的皮肤，神情充满朝气，给人以年轻活泼的感觉。在高明度色彩中，从中彩度到高彩度之间各种各样的色相对比都会使春季型人显得可爱而俏丽。

（1）诊断技巧

皮肤：细腻而有透明感，脸颊呈现珊瑚粉色或桃粉色。

眼睛：像玻璃球一样熠熠闪光，眼珠呈现亮茶色、黄玉色，眼白呈现湖蓝色，瞳孔为棕色。

头发：明亮如绢的茶色或柔和的棕黄色，发质柔软。

（2）春季型人的色彩搭配原则

春季型人选择最适合自己颜色的要点是：颜色不能太旧、太暗。春季型人的服饰基调属于暖色系中的明亮色调，在色彩搭配上应遵循鲜明、对比的原则，突出自己的俏丽。春季型人使用范围最广的颜色是黄色，选择红色时，以橙红、橘红为主，还有浅黄、肉粉、淡绿、乳白、浅暖灰、驼色、米黄等。这种明亮色调如同初春田野中青草的绿色，微微泛黄。

（3）特别提示

对春季型人来说，黑色是最不适合的颜色，过深或过重的颜色会与春季型人白色的肌肤、飘逸的黄发呈现出不和谐的对比，会使春季型人看上去显得暗淡。春季型人的特点是明亮、鲜艳。属于春季型的人用明亮、鲜艳的颜色打扮自己，会比实际年龄显得年轻。

2. 夏季型人

夏季型人给人温婉飘逸、柔软而亲切的感觉，夏季型人适合在自己的季型中选择相同色系或相邻色系进行组合搭配，这样看上去会更加柔美。

（1）诊断技巧

皮肤：泛青色的米白皮肤，带蓝调的驼色皮肤，脸颊白里透粉。

眼睛：眼神柔和、稳重，眼珠呈现深棕色、玫瑰棕色，眼白呈现柔和白色，瞳孔为焦茶色。

头发：柔软的黑发，柔和的棕色或深棕色，随风飘动的轻柔感。

（2）夏季型人的色彩搭配原则

夏季型人拥有健康的肤色，水粉色的红晕，浅玫瑰色的嘴唇，柔软的黑发，给人以非常柔和优雅的整体印象。夏季型人适合搭配以蓝色为底调并且柔和淡雅的颜色，这样才能衬托出她们温柔、恬静的个性。夏季型人适合穿深浅不同的各种粉色、蓝色和紫色的衣服，如浅蓝、浅蓝灰、藕荷色、紫色、水粉、玫瑰红等，以及有朦胧感的色调，在色彩搭配上，最好避免反差大的色调，最好在同一色相里进行浓淡搭配。

夏季型人应严格遵循同一色系或相邻色系的搭配原则，才能营造出飘逸、雅致的气质。要避免穿着过于对比的花色，同时避免使全身衣服色彩反差过大。因此，上下身的衣服最好购买成套的，再配以与之相同色系、不同深浅的衬衣、丝巾、鞋、包等，这样才能穿出独特韵味。

（3）特别提示

夏季型人选择适合自己的颜色的要点是：颜色一定要柔和、淡雅。夏季型人不适合黑色，过深的颜色会破坏夏季型人的柔美，可用一些浅淡的灰蓝色、蓝灰色、紫色来代替黑色。夏季型人穿灰色会非常高雅，但注意选择浅至中度的灰，还要注意夏季型人不太适合藏蓝色。夏季型的人最适合柔和且不发黄的颜色，即使选择黄色，也应该选择让人感觉稍微发蓝的浅黄色。以蓝色为底调的轻柔、淡雅的颜色最能衬托出她们温柔、恬静的个性。

3. 秋季型人

秋季型人使用与自身特征相平衡的深沉而稳重的颜色，才能尽显高贵、上品，充分体现都市女性的气质。

（1）诊断技巧

皮肤：血色不太好的金橘色、暗驼色，瓷器般的象牙色，脸颊为黄橙色。

眼睛：眼神沉稳，给人印象深刻，眼珠呈现出暗棕色、焦茶色，眼白呈现湖蓝色，瞳孔中有绿色。

头发：有光泽的金红色、铜色、巧克力色、炭褐色、棕色。

（2）秋季型人的色彩搭配原则

秋季型人是四季色中最成熟而华贵的代表，最适合的颜色是金色、苔绿色、橙色等深而华丽的颜色。选择红色时，一定要选择砖红色和与暗橘红相近的颜色。秋季型人的服饰基调是暖色系中的沉稳色调。浓郁而华丽的颜色可衬托出秋季型人成熟高贵的气质，越浑厚的颜色也越能衬托秋季型人陶瓷般的皮肤。较深而华丽的色彩可以将秋季型人的自信与高雅的气质烘托到极致。

（3）特别提示

秋季型人选择适合自己颜色的要点是：颜色要温暖、浓郁。秋季型人同样也不适合黑色，黑色使他们显得皮肤发黄，秋季色群中的深砖红色、深棕色、橄榄绿都可以代替黑色，同时，灰色与秋季型人的肤色排斥感也较强，即使采用，也应该挑选偏黄或者偏咖啡的灰色，同时注意用适合的颜色做过渡搭配。

在色彩的搭配上，秋季型人不大适合用强烈的色相对比，类似色相之间明度、彩度的对比搭配更能突出其华丽、成熟感。

4. 冬季型人

冬季型人最适合用对比鲜明、纯正、饱和的颜色来装扮自己，由此显示出与众不同的风采。黑头发与白皮肤、黑眼珠与眼白对比鲜明，给人深刻印象，因此，只有无彩色系列及大胆热烈的纯色系才较适合冬季型人。

（1）诊断技巧

皮肤：非常白或稍有些发暗，稍带青色的驼色、橄榄色，脸颊呈玫瑰色。

眼睛：眼睛黑白分明、眼珠呈现黑色、深棕色，眼白呈现冷白色，瞳孔为深黑色、焦茶色。

头发：乌黑发亮、银灰色、深酒红色。

（2）冬季型人的色彩搭配原则

冬季型人最适合纯色，在各国国旗上使用的颜色都是冬季型人最适合的色彩。选择红色时，可选正红、酒红和纯正的玫瑰红。在四季颜色中，只有冬季型人最适合使用黑、纯白、灰这三种颜色，藏蓝色也是冬季型人的专利色。但在选择深重颜色的时候一定要有对比色出现。

（3）特别提示

冬季型人选择适合自己颜色的要点是：颜色要鲜明、光泽度高。冬季型人着装一定要注意色彩的对比，只有对比搭配才能显得惊艳。冬季型人的基色调体现的是"冰"色，塑造的是冷艳的美感。冬季型人穿深色服装，配以高艳度的色彩搭配，显得十分脱俗，以纯白色及深浅不同的灰色，通过巧妙的搭配，可以使冬季型人神采奕奕，充满时尚感。

5. 混合型人

除了上述四种明确的春、夏、秋、冬类型外，还有一些人是介于上述四种类型之间，属于混合型人。

（1）接近标准型的暖色系

春季型：

皮肤：浅象牙色或以黄色为底调略深的皮肤，不带透明感，脸颊易出现珊瑚粉的红晕。

眼睛：像玻璃球一样的眼睛，眼珠呈现棕色。

头发：深棕色或深栗色。

秋季型：

皮肤：以黄色为底调的皮肤，不易出现红晕。

眼睛：沉稳，眼珠呈现暗棕色。

头发：灰黑色、黑色或深棕色。

（2）接近标准型的冷色系

夏季型：

皮肤：略带青色的皮肤，非常匀整，脸颊不易出现红晕。

眼睛：眼神柔和，眼珠呈现暗棕色。

头发：柔软的棕色或深棕色。

冬季型：

皮肤：带青色的驼色、橄榄色。

眼睛：眼睛黑白分明有力度。

头发：深褐色或深棕色。

（3）春秋混合型

偏春型：

皮肤：白皙、浅象牙色且不是很透明，脸颊红晕较少或不易出现红晕。

眼睛：明亮像玻璃球一样熠熠有光，眼珠呈现棕色。

头发：柔软的浅棕和棕色。

偏秋型：

皮肤：白皙、浅象牙色且不是很透明，脸易出现红晕。

眼睛：沉稳，眼珠呈现暗棕色或棕色。

头发：深褐色、深栗色。

（4）夏冬混合型

偏夏型：

皮肤：稍微发暗、略带青的驼色或橄榄色，脸颊红晕呈现玫瑰红色。

眼睛：温柔、沉稳，眼珠为深棕色、焦茶色。

头发：黑色或深棕色。

偏冬型：

皮肤：发暗的橄榄色，脸颊不易出现红晕或皮肤非常白，脸颊略带红晕。

眼睛：黑白对比分明，有力度，眼珠为黑色或焦茶色。

头发：黑色、灰色、深酒红色。

1.3　肤色诊断的步骤、方法

第一步，确定冷暖基调，即分析被诊断者的皮肤是适合冷色还是适合暖色。通过冷暖基调的划分，就可以大体诊断出一个人属于什么类型。

第二步，诊断皮肤的明度，了解皮肤适合的色彩的深浅程度。

一般而言，皮肤白皙，即皮肤明度高的人适合穿浅色；皮肤明度低的人适合穿深色。但是色彩搭配也要因人而定，不能机械地生搬硬套。

第三步，诊断皮肤的彩度，即一个人适合的色彩的鲜艳程度。如春季型人适合明亮的色彩，夏季型人适合含灰的色彩，秋季型人适合沉稳的颜色，而冬季型人适合鲜艳的、强对比的色彩。

这三个指标都诊断完成，基本上就可以判断这个人是什么类型色彩范围的人。

知识点 2　化妆常用色彩搭配

化妆的根本目的是美化人物，需要借用线条来勾勒人物面容轮廓，使用色彩来修正面容肤色，其创作原理与绘画有异曲同工之妙，同样属于视觉艺术，而色彩是所有视觉艺术的最基本元素。因此，色彩搭配合适、巧妙对于妆面而言起着决定性的作用。

对于美术绘画来说，如果色彩选择得当，绘出的图画就会令人赏心悦目，如果色彩运用不当，绘出的图画会显得极不协调，有失美感。同样，化妆时色彩的运用也像绘画一样，十分重要。那么，怎样掌握化妆时的色彩运用，这里介绍应该注意的事项。

2.1　化妆的色彩搭配原则 [①]

2.1.1　化妆的色彩与个人的内在气质要相吻合

人的气质特点各不相同，有的是清纯可爱型，有的是高雅秀丽型，也有的是浓艳妖媚型，等等。

---

① 佚名 . 化妆的色彩应用 . [EB/OL].http://bbs.yoka.com/thread-82191-1-1.html.2013-06-05.

色彩也有它所具备的特点和代表的意义，如清纯可爱型适合粉色系列的化妆色彩，忌浓妆和强烈的色彩；高雅秀丽型适合玫瑰或紫红色系的色彩，眼影尽量不用对比强烈的颜色，以咖啡色、深灰色最合适；而浓艳妖媚型适合热情的大红色，眼影可采用强烈的对比色，如用深绿或深蓝色作为眼部化妆时的强调色。

2.1.2　化妆的色彩与个人的年龄相吻合

年龄较小的女孩尽量用淡色，如粉红色系口红（粉红、粉橘）；年龄稍大的女性可用较深或较鲜艳的色彩，因为深色及鲜艳的色彩会给人醒目的感觉，看起来也较成熟。

2.1.3　化妆的色彩与个人的肤色相吻合

1. 粉底的选择

要以下颌与颈部连接的部位肤色来试粉底的颜色，最好与肤色完全一致或比肤色浅一度的颜色，不要选太白或太暗的粉底色彩，以及与自己肤色差异较大的颜色。

2. 腮红的选择

对于肤色较白的人，可以选粉红色系列；而肤色较深的人，应选用咖啡色系列，使肤色看起来更健康。将有银光的腮红用在额头用来显示额头的轮廓。

3. 口红的选择

浅色有银光的口红有使嘴巴显大的效果。口红与肤色的搭配也要协调，皮肤较黑的人，不可涂浅色或含银光的口红，因为浅色口红会与肤色形成对比，使之显得更为黯淡。皮肤较黑的人必须特别注意色彩的选择，避免用黄、粉红、银色、淡绿或浅灰色口红。可涂暖色系中偏暗红或咖啡系的口红，将皮肤衬托得较白且协调。而肤色较白的人，任何颜色皆可用。

2.2　化妆中色彩的搭配方法

2.2.1　色彩明度的对比搭配

明度对比是指运用色彩在明暗程度上产生对比的效果，又称深浅对比。明度对比有强弱之分。强对比颜色间的反差大，对比强烈，产生明显的凹凸效果，如黑色与白色对比。弱对比则淡雅含蓄，比较自然柔和，如浅灰色与白色对比、淡粉色与淡黄色对比、紫色与深蓝色对比等。化妆中色彩运用明度对比进行搭配，能使平淡的五官显得醒目，具有立体感。

2.2.2　色彩纯度对比的搭配

纯度对比是指由于色彩纯度的区别而形成的色彩对比效果。纯度越高，色彩越鲜明，对比越强烈，妆面效果明艳、跳跃。纯度低，色彩则浅淡，色彩对比弱，妆面效果则含蓄、柔和。化妆中色彩运用纯度对比进行搭配，要分清色彩的主次关系，避免产生凌乱的妆面效果。

2.2.3　同类色对比、邻近色对比的搭配

同类色对比是指在同一色相中，色彩的不同纯度与明度的对比，如化妆中使用深棕色与浅

棕色的晕染属于同类色对比。邻近色对比则是指色相环中距离接近的色彩对比，如绿与黄、黄与橙的对比等。运用这两种色彩进行搭配，妆面柔和、淡雅，不过容易产生平淡、模糊的妆面效果。因此，在化妆时，要适当地调整色彩的明度，使妆面效果和谐。

2.2.4　互补色对比、对比色对比的搭配

互补色对比是指在色相环中呈 180° 且相对的两个颜色，如绿与红、黄与紫、蓝与橙。对比色对比是指三个原色中的两个原色之间的对比。这两种对比都属于强对比，对比效果强烈，引人注目，适用于浓妆及气氛热烈的场合。在搭配时，要注意强烈效果下的和谐关系。

2.2.5　冷色、暖色对比的搭配

色彩的冷暖感觉是由各种颜色给予人的心理感受而产生的。暖色艳丽、醒目，具有扩张的感觉，容易使人兴奋，使人感觉温暖；冷色神秘、冷静，具有收缩的感觉，使人安静平和，感觉清爽。冷色在暖色的衬映下，会显得更加冷艳。例如，冷色系的妆面运用暖色点缀，则更能衬托出妆容的冷艳；同样暖色在冷色的衬映下会显得更加温暖。在化妆用色时应充分考虑到这一点。

2.3　常见色调与妆型之间的关系

常见色调与妆型的关系如表 5-2 所示。

表5-2　常见色调与妆型的关系

项目分类	色调特征	适合妆型
淡色调	明度很高的淡雅色组成柔和优雅的淡暖色调，含有大量的白色和荧光色	多用于生活时尚妆，给人清新和明净感
浅色调	明度比淡色调略低，色相和纯度比淡色调略清晰	多用于新娘妆和职业妆，显得亲切、温柔
亮色调	明度比浅色调略低，含白色少，色相和纯度高，如天蓝、粉红、嫩绿、明黄	多适合时尚妆和新娘妆，显得活泼、鲜亮
鲜色调	中等明度，明度和亮色调接近，不含白色与黑色，纯度最高	多适合舞台妆、晚妆、模特妆、创意妆，效果浓艳、华丽、强烈
深色调	明度较低，略含黑色，但有一定浓艳感	适合舞台妆、晚妆、模特妆、创意妆、秀场妆，化妆效果浓艳、强烈、个性
中间色调	由中等明度、中等纯度的色彩组成	显得沉着稳重，适合职业妆和晚妆
浅浊调	含灰色，呈浅浊色调，妆色文雅	适合职业妆和新娘妆，有雅致感
浊色调	明度低于浅浊调，含灰色调，给人成熟、朴实的气质	如用大面积浊色调，点缀以小面积艳色，稳重中又有变化，适合晚妆、模特妆、创意妆
暗色调	明度、纯度都低，色暗近黑，给人沉稳、神秘感，加上深浓艳色的搭配，有华贵的效果	适合晚妆、模特妆、创意妆、秀场妆

2.4　常见色彩搭配方法

常见色彩搭配方法如表 5-3 所示。

表5-3　常见色彩搭配方法

搭配方法	效 果 特 征	优 点	缺 点	常 见 组 合
同类色	利用没有冷暖变化的单一色调，最简单易行的方法	统一性强，有和谐感	缺少活跃感，但可利用明度和纯度的变化，以及黑、白、灰的搭配进行调节	深红+浅红 深绿+浅绿
邻近色	使用色相环上相邻的色彩进行组合，是较完美的方法，有殊途同归之感	特性相似、整体、柔和、协调	单调、略显乏味，可用色相的变化进行调和	深蓝+浅绿 中橙+淡黄
对比色	差异很大的组合，既对抗又依存，易引人注意、效果强烈	色彩效果显著、明快、活泼、引人注目	运用不当会出现不和谐之感，可以灵活添加黑、白、灰作为调和	深红+深绿 浅红+浅绿 灰红+灰绿
主色调	以一种主色调为基础加配一两种或几种次要色	主次分明、相得益彰	不易太过繁杂、凌乱	多用于眼影、腮红、唇色的搭配

知识点3　婚礼新人妆色的色彩搭配

为婚礼新娘进行妆面色彩设计时可以根据上述的四季色彩理论和色彩搭配方法，进行妆面色彩设计。

3.1　新娘妆的色彩搭配

3.1.1　春季型新娘的妆面色彩搭配

对于春季型新娘，总体的色彩搭配原则是明亮、活泼、明艳。

具体来讲，春季型新娘适宜的彩妆用色如下：

① 粉底：适合象牙色和亮肤色。

② 眉毛色：适合深咖啡色。

③ 眼线：适合咖啡色。

④ 眼影：适合银杏色、浅珊瑚色、雪贝色、炫金色、草绿色。

⑤ 口红：适合杏红色、橙红色、豆沙色、红蜜红色。

⑥ 腮红：适合沙红色、浅豆沙色、浅肤色、淡砖红色。

3.1.2　夏季型新娘的妆面色彩搭配

对于夏季型新娘，总体的色彩搭配原则是清爽、柔美、知性。

具体来讲，夏季型新娘适宜的彩妆用色如下：

① 粉底：适合蜜蕊色、象牙色、绯红色。

② 眉毛色：灰黑色。

③ 眼线：适合靛蓝色、咖啡色。

④ 眼影：适合淡紫色、淡粉色、宝蓝色、亮粉色、紫蓝色、天空蓝色。

⑤ 口红：适合亮玫瑰色、紫红色、暖粉红色、雪紫红色、玫瑰红色。

⑥ 腮红：适合暗桃红色、深玫瑰色。

3.1.3　秋季型新娘的妆面色彩搭配

对于秋季型新娘，总体的色彩搭配原则是华丽、成熟、稳重。

具体来讲，秋季型新娘适宜的彩妆用色如下：

① 粉底：适合自然色、素贝色、亮肤色、浅蜜色、深杏色。

② 眉毛色：深咖啡色。

③ 眼线：适合炭灰色、咖啡色。

④ 眼影：适合银杏色、炫金色、草绿色、浅珊瑚色、浅褐色、雪贝色。

⑤ 口红：适合嫣红色、可可红色、淡棕咖色、咖啡红色、豆沙红色、亮棕红色。

⑥ 腮红：适合暗淡砖红、浅肤色。

3.1.4　冬季型新娘的妆面色彩搭配

对于冬季型新娘，总体的色彩搭配原则是冷艳、时尚、个性。

具体来讲，冬季型新娘适宜的彩妆用色如下：

① 粉底：适合绯红色、象牙色、亮肤色、蜜蕊色。

② 眉毛色：灰黑色。

③ 眼线：适合靛蓝色、咖啡色、黑色。

④ 眼影：适合紫蓝色、淡粉色、天空蓝色、宝蓝色、淡紫色、亮粉色。

⑤ 口红：适合亮玫瑰色、莓紫色、桃紫色、樱桃红色。

⑥ 腮红：适合暗桃红色、暗紫红色、深玫瑰色。

3.2　新郎妆的色彩搭配

给新郎化妆的目的是与新娘整体协调统一，强调刚阳精神。新郎妆通常以淡妆为主，也可以只对局部进行适当的修饰。给新郎化妆的重点是以增强皮肤的光泽、质感为本。修饰的部位主要是眉形和嘴唇。同时，要注意协调新娘与新郎的面部色彩，一般新郎的色彩应比新娘深 1 ~ 2 号。

1. 新郎妆的底妆用色

许多男性存在皮肤问题，皮肤上留下痘印或者小坑，在婚礼的强烈灯光下显示的效果不好。所以，要选择一款遮瑕能力强的粉底进行遮盖。

选择两款色号不同的粉底，一款和新郎皮肤一样，另外一款比这个色号再深两号，通过在不同部位的修饰凸显男性脸型的立体感。

适合新郎底妆的颜色：古铜色、小麦色和浅棕色。

2. 新郎妆的眼妆用色

眼妆主要是眼影和眼线，新郎的眼妆不是化妆的重点，一般不画。如果为了遮盖黑眼圈或在视觉上缩小眼袋，可以画一点眼线和眼影。

适合新郎眼线的颜色：黑色、棕色。

适合新郎眼影的颜色：浅棕色、深棕色。

3. 新郎妆的眉毛用色

眉形修饰是新郎妆的修饰重点。根据眉毛走向描画，或用眉刷蘸眉粉，刷出眉形。眉形要粗犷，配合脸形。

适合新郎的眉毛的颜色：深棕色、灰黑色。

4．新郎妆的腮红用色

为了让新郎的面部看上去更有立体感，腮红也是必不可少。另外，腮红用在新郎面部，还有修饰脸形的作用。例如，在鬓角两侧和下巴处使用深色腮红，稍微加深一些肤色，可使脸形不会显得过长；而在 T 区和颧骨处使用淡色腮红，可以减小面部和颈部的色差，提亮肤色。

适合新郎的腮红颜色：浅棕色、橘色、黄褐色、棕红色。

5．新郎妆的唇妆用色

将唇膏涂于唇部，保护唇部不裂皮、不干燥，呈现自然健康的色泽，可以显示男士的干练气质。

适合新郎的唇膏颜色：透明、棕色、深棕色。

知识点 4　婚礼新人服装的色彩搭配

4.1　服饰搭配艺术中的色彩

服装搭配是一种视觉艺术，服装的三要素是色彩、面料和款式造型，三者缺一不可，且相互作用。其中，色彩是视觉的首要要素，因此学习掌握服装色彩的美学构成原理才能准确实现服装的美学功能。

1．调和原则（色相统调、色彩搭配的关联）

所谓调和，是指从整体上看，服饰为一个主色调，无论是色相变化、明度变化，还是纯度变化，都是万变不离其宗的。

在具体搭配时，要力求色彩少而不乱，丰富但有层次。色彩比例应有主次之分，即注重各种色彩的大小比例关系。

2．对比原则

简单地说，色彩对比就是色彩的差异，这种色彩效果在视觉上容易形成明快、醒目之感，但如果色彩配比不当，也易造成视觉的疲劳。

可通过调配色彩的面积、改变色彩的明度或纯度、打碎色彩面积等多种方式进行调节。加入黑、白等无彩色及金银色进行搭配，也可以起到减弱色彩视觉冲突的作用。

3．季节性的配色原则

季节的变化使气温有寒、暖的差别，服饰的色彩也应合乎季节冷暖的变化。

春季的服饰色彩多为浅淡的、高明度的色彩，如粉红、粉绿、粉蓝、浅黄、浅黄绿、浅紫等，给人万物复苏、阳光明媚的感觉。

夏季的服饰色彩多为清凉感的、冷色调的色彩，如白色、湖蓝色、浅绿色、蓝紫色，给人明朗、活泼的感觉。

秋季的服饰色彩多为高明度的、高纯度的色彩，如土黄、灰绿、褐色、深紫等，给人温暖、富足的感觉。

冬季的服饰色彩可以选择低明度的、暗色调的色彩，可以将鲜艳的红、橙、黄与厚重的黑、深灰等无彩色进行搭配。

4. 性别差异的配色原则

人们都知道在色彩的选择、喜好与使用上，一般会有男女的区别。女性的服饰色彩一般多用暖色系的红、橙、黄、紫红等活泼、柔和的色彩；男性的服饰色彩多为蓝、蓝紫、蓝绿等偏向冷色调、灰色调、褐色调的色彩。

但实际上，在男女服饰色彩的搭配与使用上，并没有刻板的界线，只要实际运用的方法得当，同样可以营造个性、创新的服饰风格。

5. 年龄层的配色原则

婴儿的配色一般以柔和的、浅淡的色彩为主，如粉红、浅蓝、淡黄等，给人柔软、温馨之感。

儿童的配色一般以鲜艳的纯色调、活泼色调为主，如蓝色、绿色、红色、黄色等，可以起到增加想象力与创造力的启发效果。

青少年的配色一般用明亮的、热情的色彩，如红、蓝、白等，给人无拘束、奔放、青春的气息。

成年人的配色需要考虑身份职业、场合等因素，但整体上应得体、自然，且适度降低明度、纯度，不过于眩目华丽，给人高尚、大气之感。

中老年人的配色要注重整体的色调与感觉，选用稍浅的、灰色调的色彩为佳，来表现中年人特有的稳重、高贵的气质与风采。

6. 身材的配色原则

较高瘦的人一般可选用暖色系、鲜艳的色彩，借用暖色的膨胀、前进的感觉来修饰过瘦的身材，并适度配合横条纹、格纹等图案或花色。

较矮胖的人一般可选用冷色系、深色的色彩，借用冷色的收缩、后退的感觉来修饰其肥胖之感，可以适度配合直条纹及素色的服装色彩来调节较丰满的身材。

7. 肤色的配色原则

在前面多次提到了肤色的判断方法，服装与肤色的搭配同样是重点。一般皮肤白皙的人穿任何色调都比较适合、协调，较浅的、较柔的颜色更好。皮肤较暗的人可以通过较高明度的亮色或高彩度的颜色来展现自然的健美感。

8. 身份、职务与场合的配色原则

工作服、休闲服、礼服等应根据不同的场合选择合适的色彩。

若要进行购物、访友、约会等活动时，配色可以轻快、明朗。在商务、工作等场合，可以选用咖啡色、深灰色、深蓝色等，以使人显得更专业、有品位。在正式的社交或庆典仪式场合，为了要表现庄重、豪华、高贵之感，可以选择保守的色彩，如深色、黑色，也可以选择艳丽的色彩，如粉红、暗红、金色、银色等。

4.2 服装色彩搭配的技巧 [①]

1. 深色型人适合的服装色彩

属于四季色彩中的春季型人，适合正色、强烈的颜色，如正红、正蓝，颜色要很正，不能

① 佚名. 色彩测试. [EB/OL].http://baike.baidu.com/view/2525163.htm.2013-06-05.

选用浑浊的颜色或者看上去淡淡的像被水稀释过的颜色。也不建议选择那些看上去跟自己的肤色很接近的颜色，如小麦色、可可色等，容易把自己的肤色衬得越发黯淡、憔悴。

2．浅色型人适合的服装色彩

属于四季色彩中的夏季型人，适合如同加水稀释过的清浅的颜色（不要浑浊），如浅蓝、浅绿、浅粉、浅水蓝、浅黄等。需要注意的是，黑色是不适合浅色型人的。

3．暖色型人适合的服装色彩

属于四季色彩中的秋季型人，适合穿黄底调或红底调颜色的衣服，如橘色、黄色。一切黄色系都适合此类人。阳光般绚丽的暖色调符合暖色型人的用色特点。橙色、黄色、金色等温暖而火热的颜色正是暖色型人所需要的。

4．冷色型人适合的服装色彩

属于四季色彩中的冬季型人，适合穿蓝色调的蓝绿色的衣服。冷色型人只有在穿冷色调的颜色时，整个人才会显得干净清透，如果错穿了暖调的颜色，皮肤会显得特别厚腻，人也显得土气。

5．净色型人适合的服装色彩

这一类型的人适合穿干净的颜色，如亮蓝、明黄、艳红，可以使皮肤看起来透明。这类人适合把最绚丽明艳的颜色穿在身上，是驾驭它们的高手，一些常人不敢穿的颜色他们穿上不但没有俗气的感觉，反而会给人耳目一新的感觉。净色型人往往会给人一种穿什么都好看的感觉，不过灰调子的颜色会让净色型人失去原有的光彩。

6．柔色型人适合的服装色彩

这一类型的人适合柔和的颜色，即混色，如灰紫色、灰绿色、灰红色等，就是这种有点"说不清、道不明"的颜色，反而特别适合柔色型人。

4.3　新娘的服饰色彩搭配

4.3.1　新娘服饰的主要色彩

1．红色系

红色系列礼服是婚礼上出现频率最高的礼服，不过中国新娘都乐于穿着红色旗袍而非西式礼服。红色在中国的传统文化观念中能体现出最热情、最真挚的一面，穿红色系列礼服的新娘，不仅映红自己娇羞的面庞，也会温暖宾客的内心。

2．蓝绿色系

蓝绿色系列的礼服不受太大的肤色限制，所有受到不少人的偏爱。着蓝绿色系礼服的新娘宛如一弯平静的湖水，给人安静祥和的感觉；着宝石蓝礼服的新娘在朦胧的灯光下更显得优雅、动人。

3．白色系

有不少新娘钟情于白色的礼服，如白色、银色等，不过选择白色系礼服的新娘一定要皮肤白皙、红润，否则将会显得皮肤暗沉，没有新娘光彩夺目的美感了。

4．黑色系

黑色系礼服庄重、肃穆、冷艳，是礼服中很经典的颜色，尤其是不挑肤色，皮肤白皙的人穿黑色系礼服会更加靓丽，偏黑或者偏黄肤色的人穿着黑色系礼服也会有神秘的韵味。但是在婚礼这个甜蜜、幸福的场合中，黑色系的礼服会给人局促不安或过于个性的感觉，略显不适合。

5. 黄金色系

黄金色系礼服给人一种华贵的感觉，对于一些皮肤偏白的新人，建议选择这种大地色系的礼服，不然会因为黄色的反面引导，使人看上去没有精神。着独特设计感的黄金色礼服会给人时尚俏皮的美，比较有亲和力。

4.3.2 新娘婚礼服饰的色彩搭配方法

1. 根据新娘肤色选择服饰

（1）皮肤白皙型

皮肤白皙的新娘，一般情况下穿任何颜色的婚纱和礼服都没有太大的问题，只要颜色与婚礼环境的色彩不过分冲突，就可以选择任意颜色的婚纱。

（2）肌肤黝黑型

肌肤黝黑的新娘并不是只能穿黑颜色的婚纱或礼服。选择色彩鲜亮、明快一点的颜色，有一种视觉上的跳跃，可以让在场的来宾眼前一亮。所以在新婚庆典喜庆的日子里，黑乎乎沉重的色彩或许并不适合这种肤色的新娘。

（3）肤色暗黄型

肤色暗黄的新娘要小心尝试那些如紫色、宝蓝、肉桂色、莲藕色、铜金色这类色调的礼服，紫色、宝蓝会让本就不够白皙的肌肤更显蜡黄，而肉桂、莲藕、铜金这类色调除非是肌肤白皙，否则会跟东方人原本偏黄的肌肤产生融合的错觉感，远处看来甚至会分不出肌肤与礼服的界线，完全无法显现新娘的美丽容颜。

2. 根据婚礼现场搭配婚纱颜色的技巧 [①]

很多人都以为婚纱一定是要纯白的，新娘最好也是从头到脚都是一片雪白。其实不然，白色虽然代表了纯洁和忠贞的意义，但是也并不是要求所有新娘都要全身雪白一片。古罗马时期就有新娘披黄色的脸纱，而中国传统更是以红色为吉祥的象征；可见婚纱也需要各适其色的。随着时代的发展，婚纱的颜色也日益变得丰富起来，除了纯白、象牙、米黄等传统颜色外，近年也日渐流行整套粉色的婚纱，如粉红、粉绿、粉蓝及银灰色，这些都显得比较柔和悦目。如果新娘敢于大胆创新，也可以选择枣红、深紫等缀于粉色婚纱上，这样形成强烈对比的礼服效果会更特别。不过最重要还是根据个人喜好、肤色及婚礼会场的色调进行选择，适合自己的才是最重要的。

（1）绯红立体褶皱婚纱＋红色主题婚礼

如果新娘想要办的是一场传统的中式婚礼，那么一套绯红的立体褶皱婚纱就是新娘的最好选择。因为红色不仅符合中国传统婚礼的颜色，为婚礼增加喜庆氛围，而且这种立体褶皱设计的婚纱可以将中国的传统红色演绎得极具现代感，增加婚礼的时尚感和高贵感。

（2）象牙白色喇叭裙摆婚纱＋金色主题婚礼

金色婚礼给人的感觉就是贵气和典雅，在金色婚礼中新娘可以选择一款象牙白色的婚纱来

---

① 佚名.如何选择婚纱颜色：根据婚礼现场搭配婚纱颜色.[EB/OL] http://wed.haxiu.com/20130425155666_4.html.2013-09-25.

搭配，不仅可以衬托出新娘的肤色和气质，而且能够彰显出婚礼的高雅格调。同时，喇叭裙摆设计的婚纱可以很好地修饰新娘的完美身形，让新娘展现出优雅高贵的一面。

（3）蓝色荷叶边裙摆婚纱＋蓝色主题婚礼

对于想要举办蓝色主题婚礼的新娘来说，搭配一款蓝色的荷叶边裙摆婚纱最合适不过了。因为蓝色给人的感觉是清新和安静，而荷叶边的裙摆设计可以为婚纱增加一丝明朗和轻快，打造出一个美丽动人的新娘。

（4）浅黄色抹胸直身裙婚纱＋绿色户外婚礼

如果是春夏交际的季节，不少新人倾向于举办一场绿色的户外婚礼。这种户外婚礼可以带给人清新自然的感觉，这时，新娘如果搭配一款浅黄色抹胸直身裙婚纱，可以表现出一种低调奢华的吸引力。相信这款精致的抹胸婚纱一定可以让新娘展现最美的自己。

其实，婚纱的颜色并不重要，重要的是要与新娘的肤色相配。亚洲人肤色深而偏黄，穿象牙色会较和谐自然，而蓝色、紫色一般与黄皮肤都不太协调，反而橙色、绿色能与偏黄肤色相配。至于皮肤白里透红，或者古铜色皮肤的新娘，穿纯白会很好看。婚纱的色彩和色调也是很重要的，在进行色彩、色调的选择时，要充分考虑以下因素：

一是色彩的协调：衣着配色要出众的搭配而不是让衣着夺目，盖过新人的光芒。

二是本质的亮丽：暖色系衣着穿起来更为协调，但要注意它是否确实能呈现新人的风采。

三是高对比亮度：色彩亮度因人而异，有些人适合高对比度，而有些人选择低对比度会显得柔和协调。

3. 根据准备婚礼服饰的套数进行色彩搭配

其实在结婚典礼上新娘只穿一件婚纱是远远不够的，因为在婚礼上婚礼策划师和婚礼主持人会策划不同的婚礼流程，新娘应多准备几套婚纱礼服迎合自己的婚礼。而且婚纱礼服的准备数量也跟婚礼仪式的形式和程序有关。

（1）准备一套礼服

一般在娘家举办酒宴时可以只准备一套礼服。现在很多夫妻都是来自不同的地方，一般在男方家里举办完婚礼后，还需要在女方娘家准备婚礼。在娘家举办酒宴的时候，选择一套礼服就够了。一般这时候，新娘最好选择一身红色系的中式礼服，因为在娘家的酒宴上，新人们往往不会再举行婚礼仪式，所以不穿婚纱也是可以的。

（2）准备两套礼服

现在的婚礼仪式上，很多新娘都为自己准备两套礼服，一套西式婚纱和一套中式礼服。从早上接亲，到婚礼仪式的结束，新娘都是穿着婚纱。等婚礼仪式结束后，需要给来宾敬酒时，太过隆重的婚纱会给行动带来不便，这时候可以换上一套轻便的中式礼服。一方面方便给亲朋好友敬酒，另一方面迎合了中国的传统风俗，而且婚宴结束后，新娘可以直接穿着中式礼服回家，很方便。

从色彩来看，婚纱一般是白色的，不过也可以根据新娘的肤色，以及和婚礼色彩相协调的其他颜色的婚纱；中式礼服一般是红色系的，红色也可以给婚礼增添喜庆。

（3）准备三套礼服

三套礼服包括婚纱、西式礼服、中式礼服。现在很多新人都喜欢举办两段式婚礼，新娘穿婚纱完成第一段婚礼仪式，之后新娘更换一套西式礼服来完成第二段婚礼仪式。而在婚礼仪式举行之后新娘需要换第三套礼服，即中式礼服，穿着这套衣服给来宾敬酒，直到婚宴结束为止。

因为准备三套礼服，也可以设计成三段式婚礼。第一段：新娘穿婚纱举行西式的婚礼仪式；第二段：新娘穿着西式的礼服举行庆贺仪式；第三段：新娘穿中式礼服举行中式仪式，这个时候新郎也应该对应地穿着中式的服装，最后穿着这套礼服直到婚宴结束。

综上所述，选择三套礼服的婚礼一般有两种情况。一种是新人举行两段式的婚礼：第一段的时候新娘穿一套婚纱，在两段婚礼之间，新娘会换上另一套西式的礼服；等到婚礼结束后，再换上中式的礼服去给来宾敬酒。另一种情况是三段式的婚礼：第一段举行西式的仪式；第二段穿西式的礼服举行庆贺的仪式；第三段穿中式礼服举行中式的仪式，结束后再给来宾敬酒。

从色彩来看，婚纱一般是白色的，也可以根据新娘的肤色选择和婚礼色彩相协调的其他颜色的婚纱；西式礼服可以选择与婚纱相协调的白色或其他颜色，也可以根据新娘肤色选择糖果色或其他色系的礼服；中式礼服一般选红色系或紫色系的颜色，但也可以选择与西式礼服相协调的颜色或与西式礼服的对比色。

（4）准备四套礼服

四套服装包括两套婚纱、一套西式礼服、一套中式服装。准备这四套衣服的新娘往往是把自己的婚礼仪式设计成了三段式，这样新娘可以在第一段和第二段的婚礼仪式时换两套不同的婚纱，在第三段仪式时可以换成西式的礼服，最后婚宴的时候，可以穿中式礼服给来宾敬酒直到婚宴结束。

从色彩来看，两套婚纱可以根据新娘的肤色选择两种不同的色彩，或者同一色彩但不同质地的婚纱。当然也可以根据新娘的肤色和婚礼色彩选择相协调的其他颜色的婚纱；西式礼服可以选择与婚纱相协调的白色或其他颜色，也可以根据新娘肤色选择和婚礼色彩相协调的其他颜色的礼服；中式礼服一般选红色系或紫色系的颜色，也可以选择与西式礼服相协调的颜色或与西式礼服的对比色。

（5）准备五套礼服

五套礼服包括一套迎宾礼服、一套婚纱、一套中式旗袍、一套西式礼服、一套中式礼装。一般准备五套礼服的新娘都是直接在酒店迎接来宾的。在迎宾时需要穿一套迎宾礼服，之后婚礼仪式开始前要换上一套婚纱，这样的设计可以让新娘在婚礼上成为一个亮点，为来宾制造不同的惊喜。其他的衣服新娘可以根据婚礼仪式的安排来进行穿着。

从色彩来看，迎宾礼服可以选择颜色艳丽或稍暗的色彩。其他服装的颜色选择与第（4）条一致。

4.4 新郎服装配饰的搭配

以往新郎的着装搭配比较注重对色彩、款式、面料的考虑，对配饰的选择和搭配没有特别的重视。随着婚庆文化的发展，在新郎自我形象的提升过程中，服饰配件越来越受到关注。因此，新郎的造型在婚礼化妆与服饰搭配中的地位逐步显现。

4.4.1 新郎礼服的主要颜色

1. 浅卡其色新郎礼服

浅卡其色的新郎礼服在四季中都适合穿着。在夏季的婚礼，浅卡其色的西装套装能让新郎看起来既清爽又干净，如果是在秋冬季节举办的婚礼，新郎只需要将里边的衬衫换成深棕色，然后再搭配蓝色的领带，不仅带出了鲜明的季节感，而且让新郎更显沉稳大方。

2. 纯黑色新郎礼服

纯黑色西装是新郎礼服的经典，黑色能够将新郎的优雅经典演绎得淋漓尽致，若想让自己庄重含蓄的同时看起来更年轻时尚，不妨将领带换成具有色彩感或者图案感的领带，这样既显得时髦又给人沉稳之感。

3. 灰蓝色新郎礼服

灰蓝色的西装，搭配浅粉色的衬衫，让新郎在尽显儒雅的同时提升了整体亮度，既风度翩翩又活力十足。

4. 灰色新郎礼服

用粉色的衬衫和干净的领带搭配灰色礼服，可以一扫灰色西装带来的沉闷暗淡之感，让新郎如同一枚玉佩般闪耀着温润的光彩。不过衬衫和领带的色彩度一定要有所差异，同时质感也要有所区分，才会显出层次感。

4.4.2 新郎服饰搭配的方法

新郎礼服其实一点都不比新娘的婚纱礼服简单，不论是衣料的选择还是细节的搭配，都需要十分讲究。

1. 新郎肤色的分析 ①

（1）肤色棕黄型

这类男士有黄色到棕黑色的东方肤色，比较符合中国人的颜色。这类男性选择深色的西装、进行对比强烈的色彩搭配更能显示出健康有生气。流行的炭灰色（纯一色、编织细密）、炭褐色、深蓝色（纯一色或带素色斑点、条纹）及深橄榄色西装都是不错的选择。

（2）肤色白皙型

面孔白皙，有浅色头发和眼睛的新郎，需注意穿着色彩不必过深过灰，或采用过渡色衬衫调节平衡，以免影响面色。单一色或夹灰色条纹的西装会令皮肤白皙的人显得优雅，炭色、浅蓝色、灰色及褐色系列都是可选的。

（3）肤色干净清透型

本身色调对比很强烈，头发、眼睛色彩很深，皮肤却白皙，这种男士适合色彩鲜艳、色调丰富的衣服。单一色或有对比强烈条纹的西装，以及炭灰色、藏青色、炭棕色、深橄榄色或深绿色的西装都比较适合。

（4）肤色中庸暗色型

这类男士看来比较缺乏特征，头发、眼睛、肤色都比较中庸，不大起眼，但选择中暗色服

---

① 佚名. 包装色彩学. [EB/OL]. http://www.oefan.com/Paraphrase/shi4/200902/3429.html.

饰可以体现出优雅的气度。这类新郎可考虑中性一些的色调，以及带有同色斑点的西装，如炭灰色、浅藏蓝色、灰绿色、灰褐色、炭蓝绿色等都可以。

（5）肤色黑红色型

此类新郎不宜穿浅冷色调，因为浅冷色调容易与脸色形成强烈反差，反而衬得脸色更黑；也应避免深咖啡色服装，因为深咖啡色与肤色接近，会使新郎面部五官模糊。黑红面色的新郎应选用中灰色调的服装，配干净的白衬衣，加上砖红色、黑黄色领带，会显得雅致而不失风采。同样，暗蓝色西服，配白色衬衫或浅蓝色衬衫，系深玫瑰色、褐色或橙黄色领带，也比较适合黑红脸色的新郎。

2. 新郎身材的分析

（1）身材高大型新郎

身材过高的新郎不宜穿亮度大的衣服，否则会显得刚毅有余而精致不足，适合穿偏暗的灰色、咖啡色、蓝色的衣服。

（2）身材矮小型新郎

身材偏矮的新郎适合穿饱和度高色彩的衣服，配以精细的条纹或暗格更好，如浅灰色暗条纹西服、米色或灰咖啡色细道条纹西服等，这种花色的西服可以使身材矮的新郎显得高而挺拔。

（3）身材清瘦型新郎

若体型属于较为高挑清瘦的男性，适合穿着剪裁有些圆滑的西装，利用显得略有分量的礼服遮掩消瘦的身形。

（4）身材肥胖型新郎

体型较胖的新郎，不妨选择能广纳各种体型的平口服，但要避开较圆的新月领；西装领、有棱有角的剑领会比较适合丰润的脸型。新郎结婚礼服颜色尽量选择深色系，避免浅色、燕尾服及开双襟的礼服。

（5）成熟型新郎

新月领西装的领形像两片月眉，它的圆顺感颇受年轻人喜爱；带有些霸气的剑领和保守的西装领，是年纪稍大者适合的款式。

（6）啤酒肚型新郎

此型新郎适合款式简单、深色的单襟礼服，这种款式在视觉上可把身形稍微拉长。切记不要穿双排扣、燕尾礼服，因为这种结婚礼服容易使宾客的目光焦点集中在新郎肚子的位置。

3. 新郎与新娘服装色彩的协调

（1）新郎装与新娘婚纱的搭配

新郎的服装与新娘的时装要协调一致。比较容易的搭配方法是选择相同色系或临近色系的服装，如浅蓝与湖蓝、藏蓝、蓝灰等搭配；鹅黄与杏黄、橙色等搭配；米色与驼色、赭石等搭配；粉红与洋红、绛红等搭配。尽量不选择与新娘服装对比强烈的颜色，如红与绿，蓝与橙，黄与紫。选择色彩性格接近的颜色也容易达到调和，如大红与黑或白搭配。柔和的粉红与灰色搭配等。如果还是没有把握，不妨选择黑、白、灰色，一般来说，这三个颜色与任何颜色搭配都很协调。

服装的色彩与面料的质地紧密地联系在一起，相同的色彩用在不同的材质上会产生不同的效果。例如，同样的红色在丝绸上产生华丽高贵的感觉；在粗花呢上展现粗犷、温暖的感觉；

在雪纺上则体现出轻盈、柔美之感。所以在选择服装时还要充分考虑服装的材质和价格因素。

（2）新郎装与新娘中式服装的搭配

一般在中式婚礼的酒宴开始后，新娘穿着的时装，色彩随个人喜好而定。新郎的服装选择自由度很大，正式西装或非正式西装均可。但仍需注意在色彩上与新娘的礼服协调。

新郎最好量身定做中式服装，并与新娘的中式礼服相配，以获得完美的效果。新郎也可以穿着正式西装，西装的色彩应选择比较深的色调，才能与新娘中式礼服相协调。

4. 新郎礼服搭配的法则

① 西服：三扣西服要系上两个扣子，两扣西服只系上边一个扣子。单扣休闲西服适于体形偏胖的人，三扣西服是保持着瘦长身形的男士之所爱，两扣西服最为大众化，双排扣西服可与圆角翻领或尖角翻领相配，如果身形矮小或偏胖，一定要选择单扣西服。

② 衬衫：白衬衫是必不可少的，有些新娘会选择全白的婚纱，这时新郎也应配备白衬衫。无论选哪种西装，白衬衫绝对是真正的礼服衬衫。衬衫口袋应该有织纹，还应该有挺括的立领。

③ 衬衫纽扣和袖扣：简单即好，金质或银质最能体现品位，但新郎必须使这两样保持从容优雅。

④ 马甲：为衬衫配上一件马甲，这样会让新郎着装显得更加正式。马甲的颜色不要太厚重，浅色系的更好。穿一件全身的马甲，再配上一条漂亮的领带或者领结，绝对会让新郎显得气质非凡。

⑤ 领带：领带的花纹和花色可以鲜亮一点，给新郎多增添一些喜庆的气氛。深色西服宜配深色领带，浅色西服宜配浅色领带，领带颜色可以同西服颜色相近，也可略深于西服。一般红色和紫红色（带花纹或素色的）领带通用性比较大，可配许多种颜色的西服。新郎也可以试试黑色领带，当然，这需要新郎有一定的气质才行。

⑥ 鞋：新郎的鞋是最马虎不得的行头，一双好鞋能令新郎信心百倍，不是上乘之作的鞋子会让新郎的整体形象大打折扣。最好能自己买一双式样简单的黑色舌面牛皮鞋，必须注意的是必须把它擦得锃亮，才能显出品质。

特别时尚的男士会戴上硬硬的彩色蝴蝶结领结，不过如果新郎不是此类人士，还是别冒险，否则会使新郎看起来不像新郎，反而更像个来宾。

实训项目

任务1　婚礼新人个人形象色彩诊断实训

为了更好、更准确地掌握人们合适的颜色，必须了解每个人的身体色特征。对身体色特征的冷暖的理解和学习是掌握个人色彩诊断技巧重要的第一步。

活动1　讲解实训要求

1. 教师讲解实训课教学内容、教学目的

教师讲解春季型、夏季型、秋季型、冬季型和混合型人的诊断技巧、色彩搭配原则和忌讳色。

2. **提出要求**

① 掌握春季型、夏季型、秋季型、冬季型和混合型人的诊断技巧；

② 掌握春季型、夏季型、秋季型、冬季型和混合型人的色彩搭配原则和忌讳色。

活动 2　教师示范

教师模拟色彩顾问，进行色彩诊断。

活动 3　学生训练、教师巡查

学生按照两人一组，分为色彩顾问和模特，按照色彩测试的三个步骤进行色彩测试，然后互换角色，相互点评。

教师随时巡查，指导学生。

活动 4　实训检测评估

教师通过实训检测评估表评估学生的实训练习的成果，具体表格如表 5-4 所示。

表5-4　新人个人形象色彩诊断实训检测表

考核项目	考核内容	分 值	自评分（20%）	小组评分（30%）	教师评分（50%）	实得分
确定冷暖基调	诊断是否准确	20				
诊断皮肤的明度	诊断是否正确	20				
诊断皮肤的彩度	诊断是否正确	20				
提出适合的个人色彩	是否恰当	40				
总　分						

任务 2　婚礼新人妆容色彩搭配填图实训

新人妆容包括新娘妆容和新郎妆容，进行色彩搭配使学生掌握化妆的基本色彩搭配。

活动 1　讲解实训要求

1. **教师讲解实训课教学内容、教学目的**

教师讲解化妆的色彩搭配原则、化妆中色彩的搭配方法、新娘妆的色彩搭配技巧和新郎妆的色彩搭配技巧。

2. **提出要求**

① 掌握新娘妆的色彩搭配技巧。

② 掌握新郎妆的色彩搭配技巧。

活动2　教师示范

教师模拟化妆师，进行新娘妆和新郎妆的色彩搭配。

活动3　学生训练、教师巡查

教师下发未上色的新娘图片和新郎图片，要求每位学生按照新娘妆和新郎妆的色彩搭配技巧进行填图，做好后提交教师。

教师随时巡查，指导学生。

活动4　实训检测评估

教师通过实训检测评估表评估学生的实训练习的成果，具体表格如表5-5所示。

表5-5　新人妆容色彩搭配填图实训检测表

考核项目	考核内容	分　值	自评分（20%）	小组评分（30%）	教师评分（50%）	实得分
新娘妆的妆容色彩搭配	是否和谐、正确	50				
新郎妆的妆容色彩搭配	是否和谐、正确	50				
总　　分						

任务3　婚礼新人服装色彩搭配填图实训

新人服装色彩搭配包括新娘服装色彩搭配和新郎服装色彩搭配，进行色彩搭配使学生掌握新人服装的基本色彩搭配。

活动1　讲解实训要求

1. 教师讲解实训课教学内容、教学目的

教师讲解化妆的服装色彩搭配的原则、服装色彩搭配的技巧、新娘的服饰色彩搭配技巧和新郎的服装色彩搭配技巧。

2. 提出要求

① 掌握新娘的服饰色彩搭配技巧。

② 掌握新郎的服饰色彩搭配技巧。

活动2　教师示范

教师模拟色彩顾问，进行新娘服饰和新郎服饰的色彩搭配。

活动 3　学生训练、教师巡查

教师下发未上色的新娘服饰图片和新郎服饰图片，要求每位学生按照新娘服饰和新郎服饰的色彩搭配技巧进行填图，做好后提交教师。

教师随时巡查，指导学生。

活动 4　实训检测评估

教师通过实训检测评估表评估学生的实训练习的成果，具体表格如表5-6所示。

表5-6　新人服装色彩搭配填图实训检测表

考核项目	考核内容	分值	自评分（20%）	小组评分（30%）	教师评分（50%）	实得分
新娘妆服饰色彩搭配	是否和谐、正确	50				
新郎妆服饰色彩搭配	是否和谐、正确	50				
总　分						

项 目 小 结

1. "四季色彩理论"的重要内容就是把生活中的常用色彩按照基调的不同，进行冷暖划分和明度、纯度划分，进而形成四大组和谐关系的色彩群。由于每一组色彩群的颜色刚好与大自然的四季的色彩特征相吻合，因此，就把这四组色彩群分别命名为"春""秋"（暖色系）和"夏""冬"（冷色系）。

2. 肤色色彩诊断的步骤、方法：第一步，确定冷暖基调；第二步，诊断皮肤的明度，了解皮肤适合的色彩的深浅程度；第三步，诊断皮肤的彩度，也就是皮肤适合的色彩的鲜艳程度。

3. 化妆的色彩搭配原则：化妆的色彩与个人的内在气质要相吻合；化妆的色彩与个人的年龄相吻合；化妆的色彩与个人的肤色相吻合。

4. 服装色彩搭配的原则：调和原则；对比原则；季节性的配色原则；性别差异的配色原则；年龄层的配色原则；身材的配色原则；肤色的配色原则；身份、职务与场合的配色原则。

核 心 概 念

"四季色彩理论"；春季型人；夏季型人；秋季型人；冬季型人；混合型人；暖色调；冷色调。

能 力 检 测

1. 什么是"四季色彩理论"？春季型人、夏季型人、秋季型人、冬季型人和混合型人的诊断技巧、色彩搭配原则和忌讳色有哪些内容？

2. 新娘妆的色彩搭配技巧和新郎妆的色彩搭配技巧有哪些？

3. 新娘的服饰色彩搭配技巧和新郎的服装色彩搭配技巧有哪些？

项目6
婚礼现场的色彩设计与应用

学习目标

通过本项目的学习，应当能够：

1. 掌握婚礼整体的色彩设计搭配技巧和搭配原则；
2. 掌握婚礼花艺的色彩设计搭配技巧和搭配原则；
3. 掌握婚礼用品的色彩设计搭配技巧和搭配原则；
4. 掌握婚礼舞美的色彩设计搭配技巧和搭配原则。

项目概览

婚礼现场的色彩设计与应用是学习婚礼色彩搭配的基础理论知识，通过学习婚礼现场的色彩设计与应用，要掌握婚礼整体的色彩设计搭配技巧和搭配原则，掌握婚礼花艺的色彩设计搭配技巧和搭配原则，掌握婚礼用品的色彩设计搭配技巧和搭配原则，掌握婚礼舞美的色彩设计搭配技巧和搭配原则。为此，要完成四项任务：第一，婚礼现场色彩设计填图；第二，婚礼花艺色彩设计填图；第三，婚礼用品色彩设计填图；第四，婚礼舞美色彩设计填图。

核心技能

1. 掌握婚礼整体的色彩设计；
2. 掌握婚礼花艺设计的色彩搭配；
3. 掌握婚礼舞美的色彩设计。

理论知识

知识点 1　婚礼整体的色彩设计

随着社会的发展，人们的审美水平不断提升，客户对视觉设计的要求也在不断提高，这就促使婚礼的视觉设计与展现形式必须有更高的艺术性和创新性。一场优秀的婚礼需要策划、主持、摄像、灯光、舞美、美术设计、音响、编辑技术等方方面面人员的通力合作，才能更高效地完成。因此，婚礼的色彩设计应从整体入手，涵盖婚礼服务的各个领域。

1.1　婚礼整体的色彩设计的原则

婚礼的色彩设计必须形成统一的基调、统一的主题、统一的风格。但是在繁杂的婚礼中形成整体的色彩基调并不是一件容易的事情，因为婚礼的环境复杂、到场人员众多、仪式流程繁复，需要协调和配合的服务领域多样，且各个婚庆服务领域都有自身专业的色彩需求和原则，因此，必须了解影响婚礼整体色彩设计的诸多因素。

1.1.1　婚礼整体色彩设计的元素

1. 酒店宴会厅与婚礼色彩

婚礼整体的设计颜色，不能完全凭新人或策划师的喜好，最主要的是避免和酒店宴会厅本身条件冲突，要有"借势"的意识。酒店宴会厅的地面颜色、墙壁颜色、舞台颜色等，都需要涵盖在统一的色系之下，如果色彩太多样，会给人拥堵、狭小、憋闷之感。因此，进行色彩设计之前，策划师需要了解酒店宴会厅地面、墙壁、桌椅套等硬件环境的色彩，并且询问酒店可更换的色彩有哪些，为后续的婚礼策划和色彩设计打好基础。

2. 季节与婚礼色彩

婚礼布置的主色调与婚礼举办的季节有一定的关系。春天的婚礼应选用干净、明快的基调，如黄色与绿色的搭配、粉红色与白色的搭配，给人欢乐且富有生机的感觉；夏天的婚礼更适合清爽的冷色调，如紫色与白色的搭配、蓝色与白色的搭配，会让人感觉到轻松和凉爽；秋天的婚礼应营造温馨、富足的感觉，可选用橙色与白色的搭配、香槟色与黄色的搭配；冬天的婚礼更适合暖色调，如红色、金色的使用，会让人觉得热烈、大气和奔放。

3. 宾客与婚礼色彩

如果婚礼来宾多为长辈和领导，一般应选用色彩厚重且醒目的红色、金色、蓝色等正色，用来营造大气、高端的视觉效果；而欧式婚礼常用的白色、淡紫色、香槟色等浅色更适合年轻一辈，若到场来宾多为同龄人、新人的朋友和同事则更适合，年轻人大多追求时尚个性的婚礼，因此，婚礼色彩的选择自由度就更大一点。

4. 装饰与婚礼色彩

婚礼现场的装饰物是婚礼现场的必备元素，主要包括花艺、布艺、婚庆用品、舞美灯光等，尤其是目前婚礼的风格突出、张扬个性，婚礼装饰物的使用数量越来越多，选择空间也越来越多，合理地处理装饰物与整体之间的色彩关系及其重要，后面将着重讲解花艺配色和婚礼用品配色的设计技巧。

1.1.2　婚礼整体色彩设计的方法与原则

1. 婚礼整体色彩设计的原则

婚礼色彩设计与婚礼策划是创造性思维。它本身也是一种能充分发挥主观能动性和体现现代创新精神的文化行为。婚礼策划不仅需要资料收集与信息分析、把握意图与准确定位、制定目标与思维创新、策划案的调整与补充，更需要有一定的艺术修养和设计理念，最基础的、最重要的就是色彩设计技巧。

婚礼策划的构想与内容的统筹安排少不了色彩设计应用，尤其是主题婚礼的盛行，更要把色彩和婚礼文化紧密地结合起来。

掌握好色彩搭配的技巧，灵活运用色彩，是成功举办一场特色婚礼的前提，它不仅能为婚礼增光添彩，而且能使处于婚礼现场的人们身心愉悦。用各种色彩搭配的方法来充盈婚礼的第一步就是选择新人最喜欢的颜色，然后再根据这个主色调选择一些补充色调来提高和衬托主色调。最合适、最安全的方法通常是选择三种颜色来完成整个婚礼的色彩组合。色彩过多容易使婚礼现场主题不突出且显得凌乱不堪，也令来宾眼花缭乱而产生晕眩感。因此，选择三种颜色来组合婚礼，最能突出婚礼的生动性与时尚感，且不会造成视觉疲劳。

2. 婚礼整体色彩设计的方法

婚礼中最简单的三色搭配原则，就是选择三种相近的颜色或是三种强烈的对比色来布置婚礼，前者的搭配会给人留下协调、饱满的色彩感，后者的组合往往会产生色彩激烈碰撞后的美妙火花，令人印象深刻，过目不忘，这通常是敢于创新的时尚新人的首选组合。

实际运用中有无数方法来创意组合这三种颜色：选择第一种颜色作为桌布，第二种颜色作为餐巾，第三种颜色作为餐桌中心摆饰；选择第一种颜色作为伴娘和伴郎的衣服和领带，第二种颜色作为他们的首饰的颜色，第三种颜色作为他们的鲜花颜色。

1.2　常见的婚礼整体色彩设计方案

在婚礼色彩中，常常以色彩为主题进行婚礼策划，进而形成色彩主题婚礼，如白色婚礼、中国红色婚礼、温馨粉色婚礼、浪漫紫色婚礼、梦幻蓝色婚礼，不同的色彩在婚礼策划中的构思和实施是不同的。

1.2.1　常见的色彩主题婚礼案例

1. 白色主题婚礼

白色主题婚礼一般多用于西式婚礼，纯洁的白色是圣洁婚礼的象征，白色的背景幕布、白色的地毯、白色的桌布、白色的玫瑰花等，用白色营造天堂般的梦境。白色主题婚礼给人神圣、高贵、纯洁的感觉。

2. 红色主题婚礼

红色主题婚礼一般多用于传统中式婚礼，红色是中式婚礼的永恒色彩，红色显得热烈，充满生命力，具有震撼力。红色主题婚礼能带给人大气、隆重的感觉。

3. 粉色主题婚礼

目前很多人喜欢选择红与白的中间色彩——粉色作为婚礼主题色，粉色是给人以春天般柔和的色彩，是新人普遍选择的婚礼颜色。粉色主题婚礼给人可爱、温馨和甜蜜的感觉。

4. 紫色主题婚礼

浪漫的紫色可以让婚礼华贵、神秘、不同凡响，如果选择紫色为婚礼主题色，可以多使用一些紫丁香、紫色郁金香、紫色的丝绸等来装饰空间。

5. 蓝色主题婚礼

蓝色给人纯洁、梦幻的感觉，总能带给人们无限美好的想象，选择蓝色为婚礼主题色，能让婚礼融合海洋的色彩，充满唯美与遐想的气氛，可以营造浪漫轻松、海滨度假的感觉。

1.2.2 常见的三色搭配婚礼案例

各种色彩的灵活创意，都会为婚礼带来意想不到的神奇效果。下面就介绍 10 种有着现代时尚婚礼感的三色搭配案例。

1. 浅绿色 + 柠檬色 + 绿色

这种搭配易使人联想到宽阔的草地和空旷的天空。整体色调舒适、娇柔、令人眼前一亮。

2. 粉红色 + 褐色 + 浅粉色

这是时尚组合的别致搭配。少女般的粉红以沉稳的褐色作为基础，深浅不同的粉色组合，勾勒出婚礼无尽的甜美感。

3. 淡紫色 + 褐色 + 燃烧的橘色

从兰花得到灵感，这强烈的色彩对比象征着新人热烈的爱，而夹杂其中的一点点褐色又为婚礼平添了一份淡淡的中性味道。

4. 红色 + 橘黄色 + 深红色

这种组合极具诱惑力，具有浓郁的亚洲风格，是中式传统婚礼经典的色彩组合，橘黄色的运用增加了婚礼的时尚气息。

5. 紫色 + 宝蓝色 + 淡紫色

这种色彩组合既出色又不过于稚嫩，温馨中流露出一丝浪漫情调，格外打动人心。

6. 深凫蓝色 + 黑色 + 灰色

这种组合不同寻常但容易被人接受，这柔和但惊人的组合对于在冬天举行的婚礼来说会是非常好的背景选择。选择这个组合的新人完全不必担心冬日给人带来的冷漠感。

7. 肉粉色 + 黑色 + 洋红色

这是一个对新娘最具吸引力的组合，特别是粉色和洋红色，再搭配上极具力量感的黑色，仿佛是新娘从稚嫩走向成熟的全然体现。

8. 浅红色 + 灰褐色 + 米色

这些适度冷静的彩色组合，非常雅致和高贵，或者在海滨安置或者在酒店中营造，这对新人及宾客来说无疑都是最舒适的色彩搭配。

9. 浅黄色＋橄榄色＋黄褐绿色

这种色彩搭配更像一个梦幻的童话，新娘犹如童话中沉睡的公主安静地等待着心爱王子深情的一吻。

10. 青绿色＋紫罗兰色＋天蓝色

这种色彩组合的视觉效果让人难以忘记，既贴近自然又纯真烂漫。

知识点 2　婚礼花艺的色彩设计

婚礼是一种庆典仪式，故婚礼中的花艺作品应隶属于礼仪插花。礼仪插花适用于各种庆典仪式、迎来送往、婚丧嫁娶、探亲访友等社交礼仪活动。根据使用场合、用途的不同，婚礼插花可分为花束、花篮、桌花等多种形式。

礼仪插花的创作过程是一种有意识的创作活动。因为花艺是将花材按照艺术的构图原则和色彩搭配后，组成一件既有一定的象征意义或内在情愫，又能充分展示花的自然美的艺术作品。

2.1　婚礼花艺概述

婚礼花艺是用于婚礼场合的花艺艺术，是一种实用的花艺设计。所以在艺术设计的过程中，要考虑与其实用性相关的一些因素。婚礼花艺要充分利用色彩学的基本知识和插花配色技巧，考虑场合、季节、环境、婚礼对象等多方面因素，做到追求协调而不显单调、追求热烈却不觉杂乱。当然，婚礼会场的现场布置可以充分发挥花艺在艺术创作上少固定、多例外，少常规、多变化的造型艺术特点，创造出别出心裁、变化多样的婚礼花艺。

2.1.1　婚礼花艺的要求

1. 适合婚礼场合

在婚礼花艺设计与制作之前，必须要了解婚礼会场、婚礼主题及新人的需求，然后进行立意构思、决定花材、造型形式及色彩配置等设计。

2. 符合花艺文化

婚礼花艺的花材选择与婚礼文化习俗极为密切，可以说围绕婚礼文化习俗选材的过程就是赋予婚礼花艺内涵和主题的过程，如婚礼常用月季来表达新人爱情的炽烈，或用百合喻其"百年好合"等。

3. 创新花艺器皿

婚礼花艺的造型不拘泥于任何形式，但有时受容器、携带及拟装饰场所的限制，常常采用较为简单的造型，如桌花常用的三角形、锥形、球形、半圆等。因此为了减少器皿的限制，花艺师可以在条件允许的情况下，创造性地选择一些非常规的花艺器皿，既保证花艺作品的稳固、易携带和布置，又不同于常见的造型形式。

4. 重视色彩搭配

婚礼花艺的色彩设计非常重要，尤其是婚礼这个特殊的场合，色彩往往蕴含着文化传统，富含着人们的美好期盼，如西式婚礼用白色表示圣洁、庄重。一般的婚礼花艺多运用多色配置、暖色配置的手法，创造出喜庆、热烈的气氛。

2.1.2　婚礼花艺的内容

1. 花束

花束是用花材插制绑扎而成，具有一定造型，是束把状的一种插花形式。因其插作不需任何容器，只需用包装纸、丝带等加以装饰即可，故插作简便、快速，普遍应用于婚礼中。花束从造型上分，可分为单面观和四面观；从内容上分，可分为新娘手捧花束、新娘献给母亲或婆婆的花束、伴娘的手捧花束等。

2. 桌花

桌花是指装饰于婚礼主持台、迎宾台、蛋糕台、餐桌等场所的花饰。因其常使用花钵作为容器，因此又被称为钵花。桌花一般置于桌子中央（如中西餐桌等）或一侧（如迎宾台、主持台、蛋糕台、自助餐台等）。桌花可以是独立式或组合式。从造型上分，可以有单面观桌花、四面观桌花。此外桌花的构图形式多样，有圆、椭圆、球形等对称的几何构图；也有新月形、下垂形等各种灵活多变的不规则式构图。桌花的构图主要取决于桌子的形状、摆放的位置及需要营造的气氛。因为花钵有普通式和高脚式，因此桌花又可以做成低式桌花和高式桌花，桌花的高低取决于装饰的场合和需要营造的气氛。

3. 花门

花门原本是西式婚礼独有的亮丽风景，近年来也逐渐成为中国传统婚礼上必不可少的会场要素，花门对婚礼庆典的整体风格都有重要的影响作用。

从花门的形状来说，目前主要流行的是圆形、方形、拱形、心形；从材质来说，以各种鲜花、绿叶搭配的植物性花门为主。用鲜花点缀花门需要注意搭配的花材、色调等一定要与婚礼的环境、主题和品味相融合。一般来说，西式婚礼更偏向于搭配素淡的颜色，而中式传统婚礼则倾向于采用红色等暖色。

4. 路引

婚礼路引一般情况是成对伫立于婚礼幸福走毯两侧，其常用数量在 6 ～ 12 个，即三至六对。鲜花造型路引，就是在这幸福的通道两旁搭配上成对造型的、可灵活布置的鲜花装饰。

5. 婚礼花饰

婚礼花饰主要包括新娘全身的花卉装饰，如头花、肩花、腰花、新娘捧花等；新郎与宾客胸前佩戴的胸花；花车及婚礼不同场合的各种装饰。新娘用花的花色和造型要根据新娘的身材、脸形、发型、肤色、婚纱的色彩及造型等进行设计，新郎及宾客花饰、花车用花也都要与新娘用花协调，达到整体上主次分明、形式优美、相得益彰的效果。

2.2　花艺设计色彩搭配的原则

众所周知，现代花艺作品由三大要素构成——形态、色彩、质感。如果说形态是作品的躯体，质感是作品的外衣，那么色彩就是作品的灵魂。一件好的作品，其三大要素是浑然一体的，能共同表述设计者的心灵语言。

花艺色彩的配置，具体可以从三方面进行研究：一是花卉与花卉之间的色彩关系；二是花卉与容器之间的色彩关系；三是花艺作品与环境之间的色彩关系。要处理好这三者之间的关系，首先要确立作品的主色调，然后可以选择同类色系、邻近色系、对比色系的不同色彩的鲜花和辅材进行调和，最终达到和谐统一的目的。

2.2.1　花材的色彩关系

1. 同类色系花材的选择

这种选择会产生沉稳、温和、清雅的感觉。如果选用红色系的花材，虽然颜色相同，但是花材的品种和形态可以不同，这样就产生不同的质感，避免作品死板呆滞，增加层次感。

2. 邻近色系花材的选择

邻近色系主要靠共有的色素来产生调和作用，产生亲切、和谐的感觉。如选用玫瑰红、紫红，则它们共有的色素是红色，可以产生既变化又统一的效果。

3. 对比色系花材的选择

选择对比色系的花材，可以产生强烈的对比效果，给人活泼、明快之感。因为大多数的花材具有高明度、高彩度，所以要在鲜花的形态、大小、密度上加以协调，避免产生生硬的对比感觉。

4. 多色对比花材的选择

使用三种或以上的色彩对比，产生色彩斑斓的效果，表述活泼热烈的感觉。在十二色相环中，选取对比色左右两侧的颜色，称为分裂对比；选取正三角形顶点的 3 个颜色、等边三角形顶点的 3 个颜色、矩形 4 个顶点的 3 个颜色等，称为多色对比。

5. 花艺色彩的采集与重构

在花艺创作过程中，创建新的色彩关系可以赋予作品全新的生命，因此，色彩的采集与重构成为创新的直接手段。例如，一只蝴蝶可以从它的翅膀上提取黄色、橙色、绿色、黑色，用这些颜色重组一个花束，使之呈现蝴蝶翅膀的鲜艳色彩。

2.2.2　花器与花的色彩关系

花器永远是花的陪衬，绝不能喧宾夺主。

1. 选择与主花材同一色系的花器

与主花材同一色系的花器，要选择没有光泽、质地相对粗糙，或是透明的花器。

2. 选择与主花材邻近色系的花器

要选择比主花材明度低、颜色深的花器。

3. 选择与主花材对比色系的花器

可以选择明度低、纯度高的花器，也可以选择金属色的花器。

4. 选择玻璃花器

可以选择透明和半透明的玻璃花器、亚克力花器、冰雕作品花器等。

2.3　婚礼用花的色彩选择

婚礼用花的设计，是近年来花艺设计的重点，可以让花艺师大显身手。除了在新娘捧花的花形上认真设计之外，其色彩的设计也越来越凸显花艺灵魂的重要地位，尤其是对婚礼现场的整体色彩设计，包括礼堂、现场、婚宴、花车、婚纱、配饰，乃至餐台、桌布、烛台、餐具、蛋糕等，无一不在设计师的筹划范围之内，追求个性、追求卓越、追求时尚已经是现代婚礼花艺设计的鲜明主题。近年来，环保意识日益深入人心，"绿色婚礼"在国外非常受欢迎，新人们选择在花园、庭院、沙滩、乡村举行婚礼，所用花材不做烦琐的人工装饰，花艺设计采用简约原始的捆扎、绑束、瓶插等手法和技巧，彰显人们回归自然、融入自然的精神境界。

婚礼用花的色彩选择主要有以下几种。

经典的传统色：白色、粉色系鲜花。

热烈的暖色调：黄色、橙色、红色鲜花。

现代的冷色调：蓝色、紫色、绿色鲜花。

浪漫的相融色：红粉白、红黄紫、黄粉绿色系的鲜花。、

华丽的混合色：白、粉、红、紫、蓝、绿、黄、橙以不同的比例混合。

2.4 婚礼花艺的流行色

2.4.1 流行色的发布

国际流行色委员会根据世界各国色彩应用和经济、气候、重大事件等因素对色彩的影响，发布国际色彩流行趋势。花艺设计色彩受服装、室内装饰等行业的影响，也会发生流行色的改变。国际流行色的变化周期大概是 1 ~ 8 年，花艺的流行色彩周期也大致如此。

根据与花卉风格密切联系在一起的更广泛的生活方式，色彩专家们的线索来自世界各地的文化、音乐、媒体、时尚和家居装饰。这些影响并确定了本季的五大趋势鲜花，那些颜色和情绪主导当今市场的花艺设计色彩，以指导进货和销售决策，推广计划，装饰方案，产品设计和插花。花艺设计师探讨这些新的主题，创造性地结合花卉和其他要素将这些预测的趋势演变为各种风格的花艺作品。受流行色影响最深的，当属婚礼花艺设计。

2.4.2 婚礼花艺色彩的设计途径

花艺设计的色彩构成，是以色彩构成理论为基础，结合国际流行色的施行，体现在花艺设计色彩表现形式上的心理语言。花艺师通过对花艺色彩的描述，表达自己内心对美好世界的感受和憧憬，有的热烈、有的深沉、有的浪漫、有的高雅……无不跳动着美的旋律。

花艺师要想随心所欲地使用各种色彩语言，就要不断地学习新的色彩知识，不断地练习各种色彩组合，从大自然和生活中汲取素材，提炼升华自己的情感，逐步达到至臻至美的境地，自然而然地从心中流露出色彩的语言。

英国大师宝拉·普瑞克在花艺色彩设计方面有很深的造诣，她善于用常见的配色方法，设计出不凡的作品，曾经获得欧洲花艺比赛的多个奖项。欣赏她的著作 *Table Flowers*，得以随时拜读大师的教导，领略醉人的花艺色彩。强烈的、欢快的、浓郁的色彩配置，把作者心中的美感宣泄得淋漓尽致，无论是情人的晚宴还是一个大的庆典，都成为引人注目的花的宣言。

向大师学习，并不是说说就能够办到的，要做很多枯燥的练习，没有捷径，只有沿着崎岖小路不停地攀登，才有希望到达此山的顶点，而放眼望去，另一座高山又矗立眼前。当我们刚刚上路的时候，可以选择简单的题目入手，以邻近色的配色学习为例，可以先选择花材丰富的

红色开始练习。在红色的邻近色中，选取淡粉色、白色与红色相配。

配色练习不要盲目追风，也不要单纯模仿大师的作品，最好以色谱为标准，选择相对应的花材组合，掌握了基本方法之后，当熟练到可以不看色谱就选择各种色调的颜色时，再回过头来重新拜读大师的著作，这样就可与大师心灵沟通。

目前，国内花艺师的造型水平有了很大提高，堪与国际名师媲美，但在色彩的应用和设计方面还有所欠缺，特别是色彩构成理论的学习和应用还有待提高。

知识点 3　婚礼用品的色彩设计

3.1　婚礼用品的含义及分类

婚礼用品主要指结婚典礼上所使用的产品和道具，随着婚庆行业的不断发展，婚庆用品道具也是花样繁多。婚庆用品主要为婚礼现场增添气氛和效果。

婚庆用品分类如下：床上用品（床单、被罩、睡衣等，婚庆上多以大红色为主）、婚房布置（拉花、大红喜字、闪光铝丝、大红灯笼、气球、婚房灯具、婚纱相册等）、婚车布置（鲜花、不干胶车贴、气球、网纱、卡通娃娃、红绸缎、喜帖等）、酒店布置（气模拱门、红色地毯、电子礼炮、礼花、鲜花拱门、喜帖、路引、舞台背景、签到台、签到本、签到笔、香槟塔、烛台、追光灯、泡泡机、冷焰火、手捧花等），以及喜糖等。

以上所介绍的是婚礼用品的大体品种，不同的婚礼用品使用在不同的场合，有着各自的寓意。使用婚庆用品的主要目的是来增添喜庆的气氛，让活动更加精彩。古往今来，婚礼都是社会生活中最隆重的庆典，是每对新人生命里的一座里程碑，意义不同一般。所以婚庆用品在婚礼上扮演重要的角色。

3.2　常见婚礼用品的色彩设计

3.2.1　椅背纱

椅背纱是婚礼现场的一种装饰材料，通常是包在椅子上，达到美观和提高婚礼现场颜色统一性的作用，一般采用雪纺材料，有一些珍珠纱也是不错的选择。在款式上，椅背纱有包住半个椅背并打上蝴蝶结的，也有插花后拖着长尾的，配合不同氛围的婚礼现场，需要不同颜色、不同式样的椅背纱。

椅背纱的颜色搭配主要有：生机盎然的绿色，纯情浪漫的蓝色，优雅绚丽的紫色，高贵奢华的金色，清新明快的黄色，时尚流行的香槟色，欧式浪漫的咖啡色，喜庆欢腾的红色，充满节日气氛的橙色，简约自然的白色等。

3.2.2　婚礼蛋糕的色彩设计

1. 白色婚礼蛋糕

白色婚礼蛋糕是婚礼中常用的，和新娘的婚纱交相呼应。白色是最经典、最保险的选择。在蛋糕表层用糖糊手绘加以装饰，不显单调。

2. 粉色婚礼蛋糕

如果新娘是可爱型的，可以用粉色的婚礼蛋糕，绝对公主般浪漫，是童话主题婚礼的首选。蛋糕上若伴有樱花花瓣的点缀，则更加梦幻。

3. 蓝色婚礼蛋糕

蓝色主题的婚礼向来受新人们的钟爱，特别在夏季更是火热。搭配蓝色调的清新诱人蛋糕塔，夹层的黄色玫瑰会更显浪漫。

4. 红色婚礼蛋糕

红色是经典的、喜庆的颜色，和婚礼喜庆的气氛不谋而合，同时又象征着新人相爱的两颗心。

5. 橙色婚礼蛋糕

橙色的非洲菊用于点缀蛋糕美观而个性十足，明亮的现代风格，常用于夏季婚礼，以及草坪、沙滩等户外婚礼。

6. 黄色婚礼蛋糕

优雅内敛的黄色适合清新淡雅主题的婚礼。

知识点 4　婚礼舞美的色彩设计

舞美是利用背景板的造型和色彩的设计来体现节目内容的一种形式。而灯光是完成背景创作的重要工种，它不仅服务于舞美，而且对舞美又进行形象地再创作，力求准确而富有创造性地描绘、塑造形象，完成婚礼制作的表现意图。因此，舞美和灯光设计两者是婚礼艺术创作中非常重要的环节，也是现代婚礼庆典中的要素之一，不仅能烘托新人，更能表达婚礼主题思想的需要。下面就针对舞美和灯光对婚礼艺术创作中的重要性，以及在实际创作过程中会遇到的问题进行阐述。

4.1　灯光与色彩概述

光源分为两类：一是自然光源，如阳光、月光等；二是人造光源，如灯光、火光等。人们最擅长操控和再创造的就是人造光，这也是婚礼中舞美灯光造型的主要来源。光与色的结合是舞台灯光创造艺术效果最重要的手段，光的色彩很大程度上决定了舞台画面的色调。色光具有很大的表现力和感染力，可以影响观众的心理，因此已经成为当今婚礼现场最惯用的视觉手段之一。

在婚礼庆典中，婚礼现场的整体色调最直观地赋予观众视觉的第一印象，无疑是最醒目、最重要的，会对婚礼主题的表达和观众的视觉感受起到强大的作用。下面先来了解灯光的色调。

4.2　灯光的色调

在绘画艺术中，色调是一幅画的主旋律；而在婚礼庆典中，由舞台灯光渲染而成的色调可称为整个婚礼庆典的"情绪总谱"，色调就是对舞台上全部审美对象的总体色彩把握。

在舞台上，可供灯光设计选择运用的色彩很多，这就需要灯光设计者通过自己对婚礼本体及舞台空间和人物景物的整体把握去提炼、取舍，在多种色彩关系中寻求主色调。在描绘婚礼画面时，通常运用以下三种手段来选择运用光色，调配符合设计者意图和思想的画面色调。

4.2.1　面积比例的影响

　　一般来说，当一种色彩占舞台画面面积的70%左右时，舞台画面即表现为某色调。在舞台上，由于对不同色彩的色光的大面积应用，虽然还有小部分不同色系的特殊光线，在舞台装置不变的情况下，舞台画面的主色调呈现为占了大部分面积的色光的色调。在舞台上，当需要表现某种色调时，如果舞台灯光体现为各种不同色相的色块，而且面积大小又差不多，就会使观众感到主次不分，杂乱而平淡。这时就需要从整体的表现出发，根据舞台空间和景物、人物的联系，从整体到局部，确立其中符合内容需要的色调，用色光将各个舞台组成部分有机地统一起来。

4.2.2　主要表现光源的影响

　　在婚礼中，舞台灯光常常需要模拟特定的场景，以达到一种梦幻而唯美的画面效果。主要表现光源迷茫笼罩着整个舞台空间，舞台画面被统一在这种光源的影响下而形成某种色调。在舞台上表现出的月光照射下的街道、油灯下的小屋等都呈现出某种特定氛围的色调。灯光设计需要观察日常生活中的光照效果，确定主光源的性质及舞台上最佳的灯具设置方位，强调光感与色感，当然还要注意整个舞台空间、背景和主要表现光源在照明效果上的呼应。

　　由于婚礼庆典的强调性与表现性，一般舞台灯光在表现某种光源的视觉效果时所选用的色调会强于现实生活中的实际色调。

4.2.3　大面积邻近色的影响

　　在没有一种光色占"统治地位"的情况下，大面积的邻近色光对舞台画面的色调形成同样起着重要的作用。例如，黄、绿、青在色光的应用上占多数，舞台画面则为黄绿色调。当处理灯光色彩时，可安排邻近色为主的色调。但同时，也不应过于单纯地追求色调，有时为了加强舞台画面的力度、观众的视觉新鲜感和冲击力，要打破调子，形成既统一又变化的画面效果。

4.3　色调与婚礼内容的关系

　　合理的光色运用与色调选择，对一个成功的舞台灯光设计作品来说是必备的，但也不是唯一的。在灯光设计的过程中，即使是在表现自然场景的灯光运用中，色调的确立不应当仅仅是冷漠客观地记录，更不应当是盲目地崇尚颜色的绚烂。这种选择理应是有依据的，这个依据就是"情"，在灯光色调上体现出"情"和"人"的客观物象和主观情感的统一。如此，作为灯光语汇的色彩的运用才真正具有艺术性，真正做到"外师造化，中得心源"。

　　客观存在的色彩或色调本身，只有融入婚礼之中，才能唤起观者的不同情绪。人们世世代代生活在充满色彩的世界里，色彩的变化和形式会在人们的心理和生理上产生直接或者间接的影响。在生活经验的形成过程中，由于色彩所具有的物质特性，人们通过日积月累的作用，会很自然地联想到各种感觉，如激情的红色、希望的黄色，以及与悲伤恐怖相联系的阴暗灰沉的色彩等。在长期的舞台艺术实践中人们已充分证明，色彩在活跃演出气氛、控制观众情绪、描写人物心理方面都起着非常重要的作用，光色的运用是舞台灯光设计作为一门视觉艺术的重要环节。观众通过舞台看到的是用光构造出来的形象的色调，而感受到的却是婚礼或新人的情绪和感情。

4.4 婚礼中灯光的应用技巧

4.4.1 白光的运用

舞台灯光中所谓的"白光",是指不通过灯光滤色片,直接由灯具发出的光。它并不是白色的,由于灯具性能和光源的差异,不同性能的灯具所发出的光本身就具有细微的色彩差别和不同的冷暖倾向。当白光亮度很高或较高时,在人眼中的视觉效果呈现为白色;当白光亮度很低时,人眼就会感觉到它呈偏暖的灰;当亮度极低,甚至无亮光时,人们会感受到黑色。

"大白光"是中国传统戏曲演出中惯用的灯光形象。使用亮度极高的白光照明,使舞台的每个角落和演员的每一个神态表情都清晰地展现在观众眼前。色彩强烈丰富,形象鲜明突出,演员的脸谱、服饰、道具、表演都强烈而具有形式美,单是这些视觉元素就能给予观众强烈的视觉刺激,如果加上"五彩"的灯光,反而容易适得其反。

现代舞演出中,白光也是非常重要的舞台表现手段,单纯的光色使观众的注意力更多地集中到演员的身段、动作和姿势的美感上。当然,这种白光的表现手法和中国传统戏曲中的满场大亮的白光表现手法是截然不同的。现代舞的灯光设计通常通过不同角度、亮度的白光的照射组合来诠释舞蹈的韵律和美感。

在今天的婚礼庆典中,较多使用绚烂的色彩灯光来烘托气氛,而极少使用白光,但是应该清楚的是,运用白光的细微差异来表现舞台灯光才是舞台灯光艺术的基础。

4.4.2 光源的角度与强度

舞台上的空间、景物、人物本身就具有一定的结构与体积,而物体的体积是由许多面组合而成的。所以在光的照射下,各个面承受的光是不相同的。正面受光强,人们感觉到光线明亮;侧面受光少,人们感觉到光线减弱;背面投射来的光,人们只感觉到逆光在物体上勾勒出的轮廓,但会有强烈的光源感。光线从单方面投射物体,只能是来自光源方向的一个面亮,其周围则是弱到无光;如果来自多方面的光线,则使物体多方面都亮,也会增强总的亮度感觉。

4.4.3 物体本身的色度

物体本身的色度是指固有色的明度,即物体本身的黑白程度。物体固有色的外观在色光的照射下会发生变化,而光的亮度也会改变物体的颜色倾向。例如,中式婚礼常用到的红绸缎在标准日光下是呈红色,而强光会使之变为淡红色;在弱光下,则会呈现偏紫的红色。从中不难发现,光的明亮程度不仅能够左右物体的明暗,对其色相及纯度亦会有影响。

4.4.4 环境的影响

同一物象置于不同环境和背景中,会产生不同的色感,这种色感差别来自对比。例如,50%的灰色在深色前显得亮,在亮色前显得暗。因此,需要根据要求减弱相邻物体的明度差异,根据戏剧情节正确地表现出对象的明暗对比关系。

不同亮度的白光体现出的舞台画面同样可以成为婚礼气氛的载体,用来展现空间与形体。舞台画面的明暗调子可深可浅、可虚可实。例如,边界分明的黑白相接会在舞台上产生闪电般的强烈效果;中性的灰色调部分更是艺术家最能展开想象力的广阔领域。在许多成功地利用光塑造的婚礼中,人们能感受到灯光细腻的亮度及虚实变化所带来的强烈的气氛与情感。

4.5　光的色温

光源颜色按其色温不同会给人以冷或暖的感觉。一般色温大于 5 000 K 时为冷感，常称为冷色（cool color）；色温在 3 300 ~ 5 000 K 时为中间感，常称为中间色（intermediate color）；色温小于 3 300 K 时为暖感，常称为暖色（warm color）。

实践还证明，同一色温下的光源，当其照度不同时，人的感觉也不相同。一般低色温的光在较低的照度下使人感到愉快，而在高照度下则使人过于刺激。高色温的光在低照度下感到阴沉昏暗，而在高照度下则使人感到愉快。因此，为了调节冷暖感，可根据不同地区或环境的气候情况，采取与感觉相反的光源来增加舒适感。例如，在温暖或炎热的地区，宜采用高色温冷色调的光源；反之，寒冷地区或冬季，则宜采用低色温暖色调的光源。

总之，在照明色彩的运用过程中必须注意色彩的和谐统一，设计时首先设置一种基调色，其他各种色彩都要服从这一基调色，还要注意正确处理相似色和互补色的调配。灵活地运用上述各种色彩对人的生理和心理产生的不同作用效果，将有助于婚礼庆典照明及其他装饰与艺术照明设计的科学化。

实训项目

任务1　婚礼现场色彩设计填图

活动 1　讲解实训要求

1. 教师讲解实训课教学内容、教学目的
教师讲解婚礼整体色彩搭配的原则、技巧。

2. 提出要求
① 掌握婚礼现场的色彩搭配技巧。
② 掌握婚礼现场的色彩搭配原则。

活动 2　教师示范

教师模拟婚礼策划师，进行婚礼现场整体的色彩搭配。

活动 3　学生训练、教师巡查

每个学生按照所讲的步骤进行实训练习。教师随时巡查，指导学生。

活动 4　实训检测评估

学生根据要求完成图 6-1 和图 6-2 所示的婚礼现场色彩设计填图，教师通过实训检测表评估学生实训练习的成果，具体表格如表 6-1 所示。

表6-1 "婚礼现场色彩设计填图"实训检测表

实 操 项 目	婚礼现场色彩设计填图
组员姓名	
班级	___级婚庆___班
考评教师	
实操时间	___年___月___日
得分	

图 6-1 婚礼现场色彩设计填图一

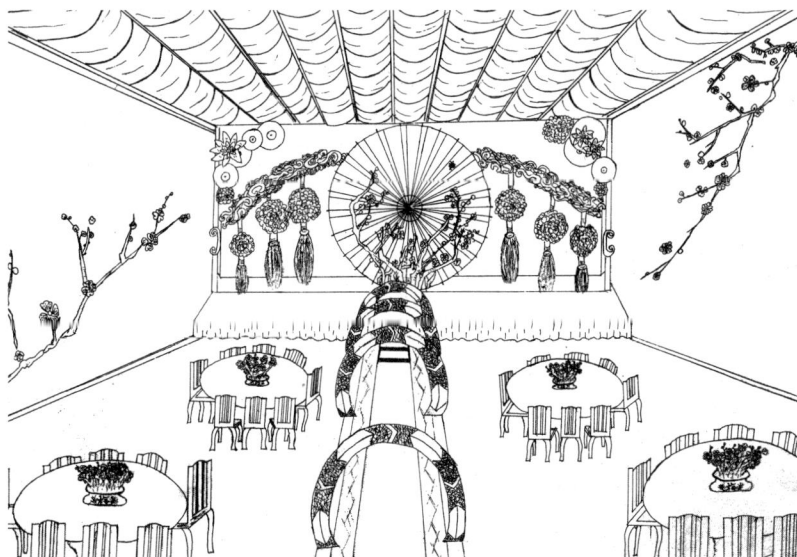

图 6-2 婚礼现场色彩设计填图二

任务2　婚礼花艺色彩设计填图

活动1　讲解实训要求

1. 教师讲解实训课教学内容、教学目的

教师讲解婚礼花艺色彩搭配的原则与技巧、婚礼花艺的内容与分类。

2. 提出要求

① 掌握婚礼花艺的色彩搭配技巧。

② 掌握婚礼花艺的内容和分类。

活动2　教师示范

教师模拟婚礼花艺师，进行婚礼花艺的色彩搭配。

活动3　学生训练、教师巡查

每个学生按照所讲的步骤进行实训练习。教师随时巡查，指导学生。

活动4　实训检测评估

学生根据要求完成图6-3～图6-5所示的婚礼花艺色彩设计填图，教师通过实训检测表评估学生的实训练习的成果，具体表格如表6-2所示。

表6-2　"婚礼花艺色彩设计填图"实训检测表

实 操 项 目	婚礼花艺色彩设计填图
组员姓名	
班级	___级婚庆___班
考评教师	
实操时间	___年___月___日
得分	

图6-3　婚礼花艺色彩设计填图一

图 6-4　婚礼花艺色彩设计填图二　　　　图 6-5　婚礼花艺色彩设计填图三

任务 3　婚礼用品色彩设计填图

活动 1　讲解实训要求

1. 教师讲解实训课教学内容、教学目的

教师讲解婚礼用品的色彩搭配的原则与技巧。

2. 提出要求

① 掌握婚礼用品的色彩搭配技巧。

② 掌握婚礼用品的分类。

活动 2　教师示范

教师模拟婚礼策划师，进行婚礼用品的色彩搭配。

活动 3　学生训练、教师巡查

每个学生按照所讲的步骤进行实训练习。教师随时巡查，指导学生。

活动 4　实训检测评估

学生根据要求完成图 6-6 所示的婚礼用品色彩设计填图，教师通过实训检测表评估学生的实训练习的成果，具体表格如表 6-3 所示。

表6-3　"婚礼用品色彩设计填图"实训检测表

实 操 项 目	婚礼用品色彩设计填图
组员姓名	
班级	___级婚庆___班

续表

实　操　项　目	婚礼用品色彩设计填图
考评教师	
实操时间	___年___月___日
得分	

图 6-6　婚礼用品色彩设计填图

任务4　婚礼舞美色彩设计填图

活动1　讲解实训要求

1．教师讲解实训课教学内容、教学目的

教师讲解婚礼舞美的色彩搭配的原则与技巧。

2．提出要求

① 掌握婚礼舞美色彩搭配的技巧。

② 掌握婚礼舞美色彩搭配的原则。

活动2　教师示范

教师模拟婚礼灯光音响师，进行婚礼舞美的色彩搭配。

活动3　学生训练、教师巡查

每个学生按照所讲的步骤进行实训练习。教师随时巡查，指导学生。

活动 4　实训检测评估

学生根据要求完成图 6-7 和图 6-8 所示的婚礼舞美色彩设计填图，教师通过实训检测表评估学生的实训练习的成果，具体表格如表 6-4 所示。

表6-4　"婚礼舞美色彩设计填图"实训检测表

实 操 项 目	婚礼舞美色彩设计填图
组员姓名	
班级	___级婚庆___班
考评教师	
实操时间	___年___月___日
得分	

图 6-7　婚礼舞美色彩设计填图一

图 6-8　婚礼舞美色彩设计填图二

项 目 小 结

1. 婚礼中最简单的三色搭配原则就是选择三种相近的颜色或是三种强烈的对比色来布置婚礼，前者的搭配会给人留下协调、饱满的色彩感；后者的组合往往会产生色彩激烈碰撞的美妙火花，令人印象深刻，过目不忘，这通常是敢于创新的时尚新人的首选组合。

2. 用于各种庆典仪式、迎来送往、婚丧嫁娶、探亲访友等社交礼仪活动中的插花称为礼仪插花。根据使用场合、用途的不同，礼仪插花可分为花束、花篮、桌花等多种形式。

3. 花艺设计色彩搭配需要注意的三种关系：一是花卉与花卉之间的色彩关系；二是花卉与容器之间的色彩关系；三是花艺作品与环境之间的色彩关系。要处理好这三者之间的关系，首先要确立作品的主色调，然后可以选择同类色系、邻近色系、对比色系的不同色彩的鲜花和辅材进行调和，最终达到和谐统一的目的。

4. 婚庆用品分类有：床上用品（床单、被罩、睡衣等，婚庆上多以大红色为主）、婚房布置（拉花、大红喜字、闪光铝丝、大红灯笼、气球、婚房灯具、婚纱相册等）、婚车布置（鲜花、不干胶车贴、气球、网纱、卡通娃娃、红绸缎、喜帖）、酒店布置（气模拱门、红色地毯、电子礼炮、礼花、鲜花拱门、喜帖、路引、舞台背景、签到台、签到本、签到笔、香槟塔、烛台、追光灯、泡泡机、冷焰火、手捧花），以及喜糖等。

核 心 概 念

三色搭配；婚礼花艺；婚庆用品。

能 力 检 测

1. 婚礼现场策划的色彩设计与搭配技巧有哪些？
2. 试分析色彩与婚礼花艺设计的关系。
3. 简述婚庆用品的含义、分类及应用方法。

项目7
婚礼影像的色彩设计与应用

学习目标

通过本项目的学习，应该能够：

1. 掌握摄影艺术的色调与影调；
2. 了解色彩对婚礼影像作品的重要性；
3. 理解色彩对婚礼摄影摄像作品的影响和意义；
4. 掌握婚纱摄影中色彩搭配和设计的方法与技巧。

项目概览

婚礼影像的色彩设计与应用是婚礼色彩中非常重要的一个环节。婚礼影像作为一场婚礼呈现方式的一种，它首先要通过合理的色彩控制完美地还原婚礼现场色彩的设计，完成影像的记录功能；其次，它还可以通过自身的色彩控制技巧实现对婚礼呈现的二度创作。本项目将以影像色彩基础着手，介绍影像艺术的影调与色调，并以此为基础，剖析婚礼摄影、婚纱摄影及婚礼摄像的色彩设计与应用技巧。为了实现教学目标，需要完成两项任务：第一，平面摄影的影调控制实训，第二，摄影的色调控制实训。

核心技能

1. 掌握婚礼摄影中的色彩设计技巧；
2. 掌握婚纱摄影中的色彩设计技巧；
3. 掌握婚礼摄像中的色彩设计技巧。

知识点 1　影像色彩基础

　　婚礼影像在婚礼庆典这个繁复的行业中占据着相当重要的地位，而影像艺术作为视觉传达艺术的一个门类，其本身就和色彩有着千丝万缕的联系，要拍摄出优质的婚礼影像，首先应了解色彩对影像的巨大影响。

　　在影像艺术刚刚出现的年代，黑、白、灰是存在于这门新兴的艺术门类中仅有的颜色。但是影像艺术的先驱们充分发掘了光与影的塑造力，用光影的控制和明暗的对比创造出了至今仍令人拍案叫绝的早期影像作品。这就是利用影像艺术中出现最早的影调的控制技术。

　　随着影像技术的发展，更为丰富的色彩加入了影像艺术的洪流，摄影师们通过对物象色调的控制从而更为真实地再现了现实世界，并创造出了更具魅力的作品。至此，影调和色调共同构成了影像色彩艺术的基础。

1.1　摄影的影调

　　影调在当今人们的概念里属于影像艺术，这一点似乎毋庸置疑。但实际上，影调这一概念来源于影像艺术和音乐艺术相关概念的融合。"调"是音乐艺术中的术语，之所以出现"影调"这一概念，是因为摄影利用光影变化而构成的画面更具有一种音乐般的视觉上的节奏与韵律。

　　对于摄影作品而言，"影调"又称为摄影作品的基调或调子，是指画面的明暗层次、虚实对比和色彩的色相明暗等之间的关系。通过这些关系，使欣赏者能从视觉上感受到光的流动与变化。

　　摄影作品的影调依据不同的方面可以做以下两种划分：

　　按照明暗关系来划分，摄影的影调可以分为高调、低调和中间调。

　　按照影像的层次反差来划分，摄影的影调可以分为柔调和硬调。

1.1.1　高调画面

高调画面是以大面积的白色或浅色影像与小面积的深色影像相对比而形成的画面。

1. 高调画面的特点

　　在高调画面中，大部分画面是亮度相对较高、颜色相对较浅的部分，但是作品的主体或重点却是小部分的深色和暗部。从整体上看，高调画面展现给人的是一种轻快、纯洁、淡雅、明亮的感觉，因此更适宜表现积极的、幸福的、快乐的画面意义。

2. 高调画面的拍摄要求

　　拍摄高调作品时，背景应该选择白色或浅色作为底色，这样才能获得最大面积的浅色。除此之外，在布光时应加大背影光的强度，以增强与被拍摄主体的明暗反差。拍摄人物肖像类作品时，被拍摄人物服饰也应选择以白色或浅色的衣物为主，从而最大限度地提高画面的整体影调。

　　在高调画面的创作中最重要的部分，其实是小面积的暗部处理，因此，在拍摄高调画面的摄影作品时，应该找准颜色相对较深、光线相对较暗的暗部，并做适当的处理，从而保证画面中黑色和暗部在作品中起到画龙点睛的效果。

用数码单反照相机拍摄高调画面，在测光时应当选择暗部主体为测定点，且可加大半级曝光量，以保证画面整体更为明亮。拍摄高调照片时用光应以顺光为主，尽量减小被摄物体的明暗反差和不良的阴影，使画面主体层次更为丰富。

1.1.2 低调画面

和高调画面相反，低调画面是以大面积的深暗影像与小面积的浅色影像相对比而形成的画面。

1. 低调画面的特点

在低调画面中，小面积的浅色和明亮的部分是作品的重点和中心，黑暗部分面积虽大，但一般只是作为画面的背景或衬底，起到交代环境和渲染气氛的作用。

低调画面一般会从整体上带给欣赏者压抑、沉闷的视觉效果，适宜表现内容沉重、庄严、忧郁和神秘一类的题材作品，如表现老人、成年男性、反面人物时常使用低调画面。此外，低调画面也多被用于较暗的室内或夜晚拍摄，但是在婚礼影像中，低调画面也可以营造端庄、大气的人物形象，以及展现有情节性、有故事性的场景。

2. 低调画面的拍摄要求

由于少数的浅色和明亮部分是作品要表达的中心，所以与高调画面相比，低调画面更能集中地表现作品的深层意义。低调画面可将拍摄现场中杂乱的背景和与表现主题无关的器物隐藏在黑暗中，使主体处在明亮处更显突出。

在创作低调画面时，应该选择整体颜色较深、亮度较暗的背景，从而获得最大面积的深色、暗部。而在要表达的画面支点部分，则需要用小范围的逆光、侧光或者局部散射光来塑造画面中的重点部分，以此完成浅色与深色、明部与暗部的对比，从而完成小范围的浅色、明部与大篇幅的深色、暗部的视觉反差，在冲突中实现作品意义的表达。

在拍摄低调画面过程中，布光时可多采用逆光、侧光或柔和的局部散射光，这种用光方法又被称为"伦勃朗光"。因为这种布光方式在西方绘画中，尤其是画室内人物和静物一类题材时常被使用，著名油画大师伦勃朗将这种光影艺术运用得出神入化，形成了独特的个人风格。

1.1.3 中间调画面

中间调画面是人们在生活中接触最多的画面类型，它是指影调明暗反差正常，影像层次丰富，画面中黑、白两部分比例均衡的作品，绝大多数的摄影作品在完成画面创作的过程中都会本能地、无意识地选用中间调。

1. 中间调画面的特点

中间调画面适合表现的内容和题材比较宽泛，易给观者真实、亲切的感觉。

2. 中间调画面的拍摄要求

在拍摄中间调画面时，测光可按平均亮度测定，曝光应力求准确，尽可能更好地利用感光器件的宽容度，让更多的层次能通过影像表现出来。

中间调画面对表现被摄物体的立体感、质感和色彩都是非常适宜的，在布光和用光时宜采用多种方向的组合光照明，以避免光比过强、反差过大，不过光线过于平淡对中间调的形成不利。

1.1.4　柔调画面

柔调是指影像层次丰富、反差较小、画面柔和的摄影作品，也就是画面在光塑造形象的时候用对比度相对较小的柔光，从而使得画面内的对比、反差相对较少，获得画面整体感更强、更为和谐的影像画面。

1. 柔调画面的特点

柔调影像注重表现较温暖、和谐、整体的感觉，适用于细腻画面、偏重抒发情感的摄影作品，如静谧的风光、素雅的花卉、流畅的静物，以及年轻美丽的少女及儿童等人物肖像作品。在婚纱摄影中，柔调画面更擅长拍摄韩式婚纱主题、唯美白纱主题，可以展现人物的柔美与浪漫。

2. 柔调画面的拍摄要求

柔调画面在拍摄用光时多采用光线柔和的散射光，光比相对较小，光的方向性和强度也不宜太强。在室外自然光条件下进行拍摄时，阴天或假阴天的拍摄环境更易获得柔光的效果。在室内使用人工光照明拍摄时，应以柔和均匀的顺光为主，使用柔光箱或反光伞保持光的亮度是常用的手段，而削弱光的硬度是最为实用的方法。

此外，在创作柔调画面时，选用柔光镜头、镜头前加柔光镜或者纱网、增加拍摄环境的空气密度等都是获得柔调效果常用的方法。

1.1.5　硬调画面

与柔调画面相对，硬调画面追求反差大、光线强的用光，方向也多采用侧光或侧逆光，使拍摄出来的影像黑白对比明显，如同木刻画一般。

1. 硬调画面的特点

硬调适合表现性格刚毅、果断的情感或具有明显线条及色块元素的内容画面，如高大的现代建筑、工业厂房及大型设备等题材。硬调画面也可以用来拍摄人物，但这种方式偏重于表现人物所处环境或者人物本身的线条，从而获得强烈的明暗对比，因此硬调画面在用于人像拍摄时适合表现历尽沧桑的老人或气势阳刚的男子汉形象。在婚纱摄影中，硬调画面可以用来进行传统中式主题、时尚创意主题的拍摄，更利于展现画面的故事性与情绪性。

2. 硬调画面的拍摄要求

与创作柔调画面相反，在创作硬调画面时，光线较硬的直射光是更为理想的用光环境，光的强度较强、线条也更明显，这些条件更容易创作出硬调画面。在室外自然光条件下拍摄硬调画面，晴天是最理想的条件。而在室内拍摄硬调画面，则需要通过对拍摄对象的形象进行分析，选取最佳的拍摄角度，根据拍摄需要布置直射光，并根据直射光进行辅助光源的布置。

需要注意的是，辅助光源的布置不能影响到主直射光的效果，否则会出现既不属于硬调也不属于柔调、不伦不类的画面，使得整体画面的风格化大大削弱。

1.2　摄影的色调

自彩色出现在影像艺术创作中之后，对于色彩的运用成为摄影艺术家们争相研究、创作的新领域。广义上看，摄影的色调也属于影调的一方面。而单独将色调独立出来，也是基于颜色在摄影艺术中越来越重要的地位。

1. 色调的分类

从色调上对摄影作品进行划分，摄影作品分为冷色调画面和暖色调画面。

冷色调画面是指以青色、蓝色等色温较低的颜色为主的画面类型，会使观赏者联想到冰、水、雪等寒冷的天气或物体。暖色调画面则是以红、橙、黄等色温相对较高的颜色为主的画面，会使观赏者联想到阳光、火焰等炽热的天气或物体。

冷色调与暖色调的形成除了与物体固有色有关外，还受环境色的影响，在数码影像拍摄中，更受光线色温的影响，如日出或日落时分，拍摄的影调会相对偏暖；而在阴天或雨雾天拍摄的影像则会相对偏冷。

2. 色调的拍摄要求

在创作影像作品时，除了拍摄对象固有的颜色之外，通过控制色温等拍摄元素，也可以人为地对画面的色调进行调节，从而实现通过色调表达特定主体的效果。例如，针对一个特定的环境，通过调整照相机的色温，将色温调低，导致整体画面色调更偏向冷色调，会使画面更倾向于表现寒冷、压抑、沉闷的感觉。而将色温调高，整体画面更倾向于暖色调，同样的拍摄主体和客体则会表现出温暖和希望。所以，色调是摄影艺术家用来人为地对拍摄对象进行二度创作的重要手段。

改变或强化色彩冷暖调的方法有以下四种：

① 使用不同色温的光源；
② 拍摄中加用不同色温的滤色镜；
③ 巧用照相机内白平衡设置，如拍晚霞时，将白平衡设在日光或阴天挡上，使橙红色增强；
④ 后期计算机调整时改变色彩平衡，强化主观设想效果。

知识点 2　婚礼影像的色彩设计技巧

婚礼影像作为影像艺术的一个门类，其创作的基本原则要遵循影像艺术的一般规律。同时，由于婚礼这一特殊定语的限定，婚礼影像也有着它自己的特点。因此，需要从婚礼摄影、婚纱摄影和婚礼摄像这三个婚礼影像的不同类别来具体分析婚礼影像的色彩设计技巧。

2.1　婚礼摄影的色彩设计技巧

专业婚礼摄影师要想主动控制婚礼摄影中画面的色彩，需要了解影响画面色彩的因素。影响婚礼摄影画面色彩构成的主要因素有：服饰、背景、道具等物体固有色，环境的色彩，光源色的色彩变化，数码器材和其他计算机后期制作等的影响。

2.1.1　固有色对画面色彩的影响

在婚礼摄影中摄影师对画面色彩的选择和设计一般都是从被摄者的化妆造型、服装颜色、背景颜色等控制开始的，这就是对固有色的选择。由于投射光的性质（软硬）、强弱、色温、服饰、背景的表面结构不同，观看距离的远近不同，物体的固有色会产生不同的变化，下面由此来说明固有色对画面色彩的影响。

1. 不同性质投射光下的固有色对画面色彩的影响

在直射光（硬光）照射下，被拍摄物体会形成受光面和阴影面，受光面的固有色会被强烈的直射阳光冲淡，暗面的阴影也会由于阳光太硬而显得过深，缺乏丰富的明暗过渡，被拍摄者面部接受的光线太硬，脸部缺乏亮的层次，在散射光（软光）照射之下被拍摄物体的颜色显得饱和。所以为了能真实地再现画面的颜色，在选择照明光线时，应尽量使用散射光线。如果要使用硬光拍摄就要合理地控制光比和合理地补光。

2. 不同强度投射光下的固有色对画面色彩的影响

在不同强度投射光下的固有色是有不同的变化的，若照明光线太强，被拍摄物体亮面的固有色会被光线冲淡；若照明光线太弱，被拍摄物体的颜色又会变深，显得黯淡，影响画面色彩的再现。所以，为了在拍摄时使画面的色彩表现得好，投射光的强度要适当，既不可以太强也不可以太弱。

3. 不同结构的物体固有色变化对画面色彩的影响

画面中每个构成元素的固有色的再现，与它的表面结构也是有关系的。球面和光滑的表面易于反光，这些反光常常形成闪耀的高光，这些高光很容易冲淡被拍摄物体的固有颜色。因此，球面和光滑表面的固有色不如粗糙表面和平面的固有色色彩显得饱和。所以在构成画面的色彩时就要考虑人物服饰的材料、背景的材质、道具的质感等来考虑用光，以达到色彩的真实还原。

4. 不同距离的物体固有色变化对画面色彩的影响

不同距离物体的固有色也是不同的，特别是室外的景物，距离的不同对画面的色彩构成是有很大影响的。所拍摄的物体距离摄影师越远，画面的色彩就越显得不饱和，而且还会带有一些蓝青的调子，物体的固有色被削弱了。从以上分析来看，如果想在拍摄中让被拍摄物体的固有色表现得饱和、鲜艳，被拍摄物体与照相机的距离不宜太远，否则其固有色彩的再现会受到影响。

2.1.2　环境色对画面色彩的影响

婚礼摄影中的人物主体往往会安排在一定的环境之中，周围环境的颜色，特别是纯度高、面积大的环境色（如碧绿的草地、开满红花或黄花的山野、蓝蓝的天空等）对人物主体阴影面的影响尤为明显。如果环境色的光照比较明亮且距离人物较近时，对被拍摄主体的影响更大，这也是拍摄中导致照片色彩构成偏色的重要原因之一，这同时会给后期计算机校色带来难度。所以合理地处理和利用环境色是拍摄中控制画面色彩构成的重要因素。

2.1.3　光源色对画面色彩的影响

光源色的变化会对画面中各个元素色彩还原的真实度、精确度造成影响，这种影响因素可以人为控制或强调，但是一定要依照拍摄的主题思想要求来决定。

光源色彩的变化通常有客观和人为两种情况。

1. 客观的光源色

客观的光源色变化是指通过发光体色温的变化，产生不同的光色，从而对画面色彩构成产生影响。如果光源的色温高，人物及环境的固有色就会偏冷，如偏向蓝色或带有蓝色成分的颜色，这样就会导致画面的色彩偏冷色调。同样，光源色温低，人物及环境的固有色会偏暖，如偏向带有橙色或黄色成分的颜色，这样就会导致画面的色彩偏暖色调。要想使画面的色彩构成准确地还原，就要根据光源色温合理地搭配数码照相机的白平衡，以达到正确还原画面色彩的目的。

2. 人为的光源色

人为的光源色，是指有意在发光体前加装滤光装置（如各种单色或混合的滤色片、滤色镜等），人为地改变光源的颜色。操作时一定要根据画面的主题来确定改变光源的色相，以达到突出渲染画面的作用。

2.1.4　数码照相机对画面色彩的影响

对于不同的数码照相机或同一厂商生产的不同型号的数码照相机，其感光度与感色性能均有一定的差异。数码照相机色彩还原性能是否良好，会直接影响画面色彩的构成。

1. 数码照相机感光元件对画面色彩构成的影响

目前市场上常见数码照相机的感光元件主要是电荷耦合器件或互补金属氧化物导体器件，它的图像传感器是用一种高感光度的半导体材料制成，能把光线转变为电荷，通过模数转换器芯片转换成数字信号。感光元件的分辨率——像素常被用作划分数码照相机档次的主要依据。感光元件的分辨率在一定意义上决定了数码相机成像的质量，但正像颗粒度不能完全概括胶卷的质量一样，分辨率也不是评价感光元件质量的唯一标准，其色彩深度、芯片本身的制造水平等，对最终的图像色彩质量带来的影响都不容低估。但与数码照相机的其他指标相比，分辨率依然是数码照相机最重要的性能指标。数码照相机拍摄图像的像素数取决于相机内感光元件芯片上光敏元件的数量，数量越多产生的图像分辨率越高，单个像素的面积越大，图像的动态范围就越大、噪点越小、色彩还原就越好，所拍图像的质量也就越高。

2. 数码照相机感光度对画面色彩构成的影响

数码照相机用感光元件接受光线信号，对曝光多少有相应要求，因此存在感光灵敏度高低的问题。这也就相当于胶片具有一定的感光度。国际标准化组织（International Organization for Standardization，ISO）规定感光度是胶片（图像感应器）对光线的化学反应速度。目前，数码照相机感光度分布在中、高速的范围，最低的为 ISO 50，最高的可达 ISO 8 000。对某些数码照相机来说，感光度是单一的，加之感光元件的感光宽容度很小，因而限制了它们在光线过强或过弱条件下的使用效果。另外，一些数码照相机的感光度有一定的范围，但即使在所允许的范围内，将感光度设置得高低不同，拍摄效果都会不一样，平时拍摄时应将它置于最佳感光度这一挡上。

从理论上来说，数码照相机的感光度越高，拍摄效果就会越好。但当前由于感光元件制造工艺的限制，想提高等效感光度就会降低信噪比，使图像变得粗糙，丢失部分细节，对人物肤色、质感及环境的色彩有极大的影响，这与高感光度的传统感光材料所遇到的问题其实是一致的。所以人们一般都会选择感光度在 ISO 100 ～ ISO 200 左右时进行婚礼摄影，这时得到的色彩效果比较理想。

2.1.5　其他因素对画面色彩的影响

摄影师都希望拍出来的照片能获得理想的效果，但是在创作拍摄和后期制作的每一个环节中，都可能有影响色彩构成的因素出现，因此摄影师只注意到上述的因素还不够，还要注意曝光是否准确等。除此之外，摄影师的个人审美和艺术修养，以及拍摄者当时的情绪等都会影响画面的色彩。

综上所述，影响摄影画面色彩的因素有很多，所以不论是在拍摄过程中还是在后期制作时，对色彩的把握都要仔细考虑，同时还要根据所要拍摄的画面有意识地改变色彩，以获得理想的画面色彩效果。

2.2　婚纱摄影的色彩设计技巧

客观地说，婚纱摄影中的色彩仅仅是一项光学值，它同语言中的文字一样，本身并没有善、恶之分，也无所谓美、丑。只有当两种或两种以上的颜色组合在一起时，才可以出现画面色彩效果的高低之分。也就是说，在婚纱摄影画面中的色彩设计是通过色彩搭配呈现出来的一种整体的色彩关系。

2.2.1　婚纱摄影的色彩氛围

色彩是婚纱摄影画面中烘托画面氛围最主要的元素之一。

1. 婚纱摄影中欢快、热烈的艺术氛围的画面色彩设计与运用

欢快、热烈的画面氛围是最常见的一种婚纱摄影氛围，因为这种画面非常适合表现男女之间浪漫、甜蜜、陶醉、活泼、激情、动感的情感，能够再现新人之间真挚的感情，因此深受顾客的青睐。

表现这种艺术氛围时，一般采用明度高或明度、纯度都比较高的色彩构成画面，如粉色、白色等，不宜使用饱和度低的厚重色彩。

2. 婚纱摄影中温馨、浪漫的艺术氛围的画面色彩设计与运用

温馨、浪漫的艺术氛围的婚纱摄影，背景和道具的色彩多选用黄色调、橙色调、黄绿色调、暖茶色调等进行色彩组合。如果想使画面的整体感觉轻柔而富于情调，则要选用明度较高、饱和度低的背景与道具色彩。但在表现这种氛围时，色彩的色调倾向是雷同的，所以要注意加强明度之间的变化，避免画面单调、平淡。

3. 婚纱摄影中豪华、艳丽的艺术氛围的画面色彩设计与运用

豪华、艳丽的艺术氛围特别适合表现气质较好或成熟新人的婚纱拍摄。豪华、艳丽氛围的拍摄一般选择浓艳、厚重的色彩构成画面，多以暖调重彩色或金黄色为主，常用的道具与背景色调有黄色调、红橙色调、暖褐色调、土红色调等。

2.2.2　婚纱摄影的色调

婚纱摄影的氛围营造离不开色彩的设计和运用，其中不同的画面色调能给人们带来不一样的情感，因此，色彩运用、搭配规律和色调选择的研究是相当重要的。

1．暖调设计的拍摄方法

运用服装、背景的色彩构成暖调画面；石英灯等低色温光源用日光片拍摄；在镜头前加降色温滤色镜；在灯光前加暖色调滤光纸；后期制作偏色处理。

2．冷调设计的拍摄方法

选择以蓝、青色为主的服饰、背景、道具；用灯光片在闪光灯下拍摄；在镜头前加升色温滤色镜；在灯光前加冷色调滤光纸；后期制作偏蓝、青处理。

3．中间调设计的拍摄方法

选用绿、紫及黑、白、灰的服饰和背景构成画面；用黑白胶片拍摄，后期扩印成偏绿、紫的照片；运用绿、紫色纸加在灯光前拍照；运用绿、紫滤色镜拍照。

4．对比色设计的拍摄方法

对比色调主要是利用服饰、背景、道具的色彩与被拍摄物构成对比关系，如色彩的冷暖对比、补色的对比、鲜晦的对比、明暗的对比。

5．和谐构成的拍摄方法

服饰、背景的色彩选用同类色、邻近色、低饱和度的色彩构成画面；运用色光统一画面色调。

6．重彩设计的拍摄方法

选用纯度高、鲜艳、重的色彩构成画面；运用浓艳的色光拍摄。

7．淡彩设计的拍摄方法

服饰、背景选择浅淡的、明度高的色彩构成画面；拍摄时过曝 2 ~ 3 级；加柔光镜和纱。

作为婚纱摄影师，需要在丰富多彩的生活中观察色彩，体会色彩带给人们的情感，合理地运用色彩来表现婚纱照的画面氛围。

2.2.3　婚纱摄影的人物造型色彩

1．色彩对人物的年龄修饰

若想使被拍摄人物更加青春、靓丽，在画面的整体色调上要选择偏浅、淡、纯的色彩，并适当用一些对比强烈且明快的色彩，但切莫用得过于浓艳；若想突出被拍摄人物的稳重、成熟之美，在色彩上可以选择一些深、重、灰的颜色，且色相对比和谐，以同类色和邻近色构成画面较好。

2．色彩对人物的身材修饰

为身材较理想而五官欠佳的人物进行婚纱拍摄时，可以通过色彩的明度对比来表现新人娇好的身材，也可以使用一些色彩纯度较高的背景和道具，但道具自身的色彩明度、纯度等不可有强烈对比。

而为身材欠佳的人物拍摄时，摄影师除了要注意美姿用光以外，画面的色彩运用及搭配是较重要的环节。一般情况下，在拍这类人物的白纱造型时，色调主要是高调、淡彩，背景和道具的色彩也以白色和浅淡粉色为主，切不可用深色和饱和度较高、较鲜艳的道具为背景，也不要用浓鲜的色光。

2.2.4 婚纱摄影的服装色彩搭配

1. 白纱造型拍摄时的色彩搭配

（1）温馨、浪漫型

在拍温馨、浪漫型的白纱时，背景和道具的色彩以黄色调、橙色调、黄绿色调、暖茶色调为主进行色彩组合较好。如果想使画面的整体感觉偏软而富于情调，在用色时可使用色彩明度较高、色饱和度低的色彩背景和道具。如果想使画面的整体感觉偏硬而视觉冲击力强，在使用道具、背景时可选择一些重、深、纯度较高的色彩构成画面。

（2）活泼、俏丽型

要拍出活泼、俏丽型的白纱，除了造型和美姿上要活泼、俏丽外，在用色上可用一些色彩纯度较高、色彩明度较高的道具和背景组成画面。背景、道具的色彩对比度可适当偏高，可以是色相的时比，也可以用明度、纯度、冷暖的对比。不同的对比度表达不同的活泼程度和不同的情感。

（3）豪华、艳丽型

拍摄豪华、艳丽型的白纱时画面的色彩一般选择具有浓艳、厚重特点的色彩构成画面，常用土黄色调、红橙色调、暖褐色调、暖绿灰调、土红色调、深绿褐灰调等色彩的道具、背景。在用光时使用低色温暖光源。摄影师可借鉴一些油画中描绘皇宫内景的画面色彩。

（4）端庄、恬静型

端庄、恬静型的白纱，适合表现神态气质文静的人物，在控制画面色调时要注意色彩搭配稳静、安详，以浊色为中心，应抑制色彩的对比度。如用淡黄灰色、中绿灰色、暖茶绿色、灰褐色的道具、背景构成画面。

（5）时尚、个性型

拍摄时尚、个性型的白纱对流行色的把握比较重要，要结合现代人的生活环境、心态及表情等。在画面色调设计中可以用现代都市生活中的一些建筑材料的色彩，如塑料、玻璃、钢铁、铝等色彩的组合；还可以根据当代人关注的政治、生活中有响力的事物中的色彩构成画面，如展现未来感时用银灰色系、蓝色系搭配来构成画面色调。

（6）古典、画意型

古典、画意型白纱的画面色彩是以浊色为核心的，一般借鉴欧美油画中色彩运用的方法，画面色彩调子感强，被拍摄主体突出，色彩之间的对比度弱，画面色彩的整体感强。

2. 晚装造型拍摄时的色彩搭配

晚装造型相比白纱造型色彩更为丰富、款式更为多样，更应注意道具、妆面、服装、背景、色彩的搭配，以形成不同的风格。如果表现温馨浪漫、端庄恬静的感觉，可用和谐色系，低色温、暖色调；如果表现青春动感活泼俏丽的感觉，则可多用对比色。

① 重彩设计——豪华艳丽型：红色艳妆＋紫色礼服＋黄色背景。

② 淡彩设计——端庄恬静型：新娘妆＋浅色礼服＋白色背景＋淡雅手捧花

③ 对比色系——活泼俏丽型：新娘妆＋黄色礼服＋蓝色背景＋淡雅手捧花。

④ 暖调构成——温馨浪漫型：新娘妆＋黄色礼服＋红色背景＋淡雅手捧花。

⑤ 冷色构成 —— 清爽冷艳型：蓝色妆 + 紫色礼服 + 青色背景 + 蓝色道具。

⑥ 低调构成 —— 新潮个性型：黑人妆 + 黑色礼服 + 黑色背景 + 黑色手提袋。

⑦ 高调构成 —— 圣洁典雅型：淑女妆 + 粉色礼服 + 白色背景 + 鹅黄色手提袋。

⑧ 消色构成 —— 朴素自然型：棕色妆 + 麻料礼服 + 灰色背景 + 陶罐。

2.3　婚礼摄像的色彩设计技巧

色彩作为摄像师的造型手段之一，不仅是反映客观世界的符号，而且具有传达信息和情绪、塑造艺术形象的造型职能。大到婚礼现场拍摄，小至某个婚礼 MV 画面，色彩的选择、提炼、组合与配置都是至关重要的。无论是拍摄纪实型婚礼还是拍摄艺术表现型画面，摄像师都必须有一种色彩构成意识和色彩表现意识。

2.3.1　摄像画面的色彩基调

婚礼影视作品与电影、电视剧、纪录片、音乐电视等一样，都有一个与主题相对应的情绪基调和情感倾向，如浪漫的、欢快的、喜庆的、感动的等。而表现在具体的画面中，情绪的基调和情感的倾向都落实到画面的色彩营造上。

1. 婚礼摄像中色彩基调的含义

色彩基调是指一组色彩关系在一幅画面、一场戏、一个段落乃至全篇中形成的色彩倾向。色彩基调是表现主题情绪的色彩手段和色彩倾向，当不同颜色的色彩在画面中构成统一、和谐的色彩倾向并统一于某一色彩之下时，这种颜色便是画面的色彩基调，简称色调。

2. 婚礼摄像中色彩基调的手法

在婚礼摄像作品中，摄像师很少从一个镜头来考虑色调的处理，而是从一组镜头、从场与场之间色调的形成与转换来设计和安排色调。此时的色调体现在场景的空间结构中。

创造色调的手法主要有以下三种：

① 通过背景、环境、服装、道具、肤色等色彩配置来展现；

② 通过光线处理来展现；

③ 采用曝光及光学附件等手段的运用来展现等。

而色调可以是黄色调、红色调、蓝色调、棕色调；可以是暖色调、冷色调；可以是淡彩色调、浓彩色调；可以是消失色；也可以由彩色转化为黑白，或黑白转化为彩色等多种表现形式。例如，电影《红高粱》是血红的，《大红灯笼高高挂》是深红的，《黄土地》是土黄色的等。

3. 婚礼摄像中色彩基调的作用

色彩基调在婚礼摄像作品中起着传达信息、表达情绪、烘托气氛、刻画人物性格和心理变化，以及展现不同的空间、时间、地域感和时代感等作用，有时也具有象征的含义。同一场景，不同的时间、不同的气氛要求的色调也不同。它影响着婚礼影视作品基调的形成、影片风格的展现，与作品基调形成对立统一的关系，与其他造型手段结合表现婚礼影视作品的节奏和旋律。

色调在造型上的首要任务是表现实物对象的存在形式，并且是在人们心理准确性的范围内将其体现。虽然人对色彩的记忆不准确，但是却有一个感性的色彩范围，而这个色彩范围就是色调，而色调却是人对婚礼摄像作品的第一个视觉感受，也是整体的视觉感受。若没有统一的色调，人对摄像作品中的感受和故事情节则是片面的和不连续的。

2.3.2　色彩对婚礼 MV、婚礼微电影的表现作用

"色彩是一种能量"，斯托拉罗认为，"不同的色彩有不同的频率，而且这种频率就内在于我们的身体中。一个人在红色房间内，血压会升高；在蓝色房间内，血压会降低。银幕上不同的色彩基调，会使人无意识中就变得主动或被动、激情澎湃或感伤缠绵。理解了色彩的这种生理效应，就能通过变换色彩的使用方式将故事和导演希望传达给观众的情感因素呈现出来。这也就是摄影师的使命。"

婚礼 MV、婚礼微电影与婚礼现场的摄像不同，摄像师可以根据新人的需求和拍摄情节进行人物形象设计，可以更为灵活和创造性地通过色彩来营造不同的情绪和氛围。因此，色彩是摄像师创作婚礼 MV、婚礼微电影作品的手段之一。

1.　色彩与人物形象

在婚礼 MV、婚礼微电影中，需要根据新人的不同性格气质特征、不同的生活背景、不同婚礼主题来设计人物的服装色彩。

以电影作品为例，如张艺谋的电影《英雄》，在人物设计上分别用红、蓝、白三种颜色代表三位刺客。根据其性格的不同，每一位刺客的服装选择不同的面料。无名的服装用红色与蓝色。飞雪、残剑、如月的服装色彩与质地稍有不同。在秦王的服装中，黑中加了金色。

2.　色彩与作品主题

在影视艺术中，影视创作者经常是根据电影的特定主题来确定影片的色彩基调，以《末代皇帝》为例，红色指故事的开始，黄色指人物的特殊身份；导演在溥仪不同的年龄段设计了不同的色彩基调，使不同的色彩与溥仪不同年龄段的自我意识相对应，一个年龄段一个色彩，象征着溥仪必须经过不同的情感和记忆，才能到达生活通道的另一端，即理解自己归根结底是一个普通人。

在婚礼 MV、婚礼微电影中，摄像师也可以用彩色和黑白的变化来表现情节内容。例如，表现情节的不同时空时，或者用彩色片表现现在时，用黑白片表现过去时；或者反过来表现，使不同时空易于区分。

影视作品常常为了获得某种情调或某种情意上的含义而采用单色或偏色的色彩处理方法。例如，张艺谋执导的电影《红高粱》，全片在拍摄时都加了红滤光镜，使得画面全部偏红，通过满眼的红高粱，以及人物对生命赤裸裸的欲求，让艺术和生命猛然间爆发出来。

《黄土地》以深沉的暖黄为基调，展现它既是贫瘠的又有着母亲般的温暖，给人以力量和希望。

因此，在婚礼 MV、婚礼微电影中，摄像师也可以用单色或偏色的色彩处理方法，来展现新人的情感和情绪，以增强画面的感染力，引起观者的共鸣。

3.　色彩与主体、背景

处理画面的色彩要注意处理好主体和背景之间的色彩关系。通过主体色与背景色之间的对比和映衬关系，主次有了对比呼应，更加突出了画面的主体部分和主要细节。主体和背景之间

的对比关系主要是各色间的对比和互补色的对比，如红与绿或者蓝和橙的互补色关系，都是强烈的差异关系；黑、白、灰与红、橙、黄、绿、青、蓝和紫的对比关系则是弱对比关系，白与彩色的对比显得活泼轻盈，黑与彩色的对比则显得端庄凝重，而灰则介于黑和白之间。

摄像师在拍摄画面或者在画面色彩的选择上要根据主题需要和现实的可能性，合理地选择主体、配体和背景的色彩，达到既突出主体和细节又能进行表情达意、表现主题思想的目的。例如，陈凯歌导演、张艺谋摄影的电影《黄土地》吸取了中国彩墨画的特长，摄影和导演抓住陕北人民喜爱的黑、红、白和陕北的黄土高原、黄河水的黄色做文章，其他可有可无的色彩尽可能舍去不用，突出表现"男黑女红"的服装、白色羊肚子手巾的头饰、娶亲仪式上的黑白红三色的配置。同景拍摄中通过布光把一切多余的色彩都掩饰在暗影中，突出翠巧的红衣，使翠巧在这种黑白反衬的彩色处理中，显得光彩出众。

4. 色彩与画面构图

用色彩来平衡画面构图是根据表现的内容、画面形象的主次关系及情绪氛围等需要，把选择入画的色彩分配以适当的面积，排放在合理的位置上，将特征与性能不同的色彩组合起来，发挥出其在塑造形象、烘托主体、渲染气氛等方面的作用。画面的色彩构成是对色彩加以谋篇布局，从而形成和谐统一而又蕴含对比关系的整体关系和构图安排。总的原则是，各种色彩的搭配安排要保证画面均衡、主体突出、对比鲜明、结构严谨。

摄像作品的色彩平衡是以同时对比和相继对比的形式展现的。婚礼摄影师、造型师和策划师在策划和拍摄婚礼时，既要从人物的身份、情绪、个性特色等着眼，又要在开拍前预计到人物的服装与背景，以及人物与各个场景之间的色彩同时出现或相继出现后的对比与和谐关系。

实训项目

任务 1　平面摄影的影调控制实训

婚礼影像包括婚纱摄影、婚礼 MV、婚礼微电影、婚礼摄影和婚礼摄像等，作为广义的影像艺术中的一个分属门类，婚礼影像的工作流程都建立在影像艺术的创作基础之上，而影像艺术的创作究其根本也是以平面摄影（图片摄影）为基础的。因此，本项目将以平面摄影中的影调和色调控制作为两个基础任务，完成对婚纱摄影、婚礼摄影和婚礼摄像的色彩训练。首先就平面摄影的影调控制展开训练。

活动 1　讲解实训要求

1. 教师讲解实训课教学内容、教学目的

教师讲解摄影影调中高调画面的构成与原则、低调画面的构成与原则，以及光影和色彩对摄影画面影调关系的影响。

2. 讲解拍摄步骤

（1）合理选择拍摄对象

根据前文所讲，高调画面的创作首先要完成对大面积的浅色和小面积的深色的拍摄对象的选择，拍摄对象的这个特质决定了摄影师可以以此为基础，完成一幅高调画面摄影作品的创作。特别需要注意的一点是，基于小部分的深色才是高调画面的视觉重心所在，摄影师对于小面积的深色部分的选择要格外注意，它将成为高调画面的表达重点。因为在一幅高调画面的摄影作品中，如果重点被安置在大面积的浅色，欣赏者的视觉重心会被小部分的深色所吸引，作品的表达意义不能在第一时间以最直接的方式传递给欣赏者，这并不是一幅优秀的平面摄影作品应该出现的情况。

（2）选择合适的角度、合理构图

在选择完拍摄对象之后，摄影师需要选择恰当的拍摄角度，并基于角度安排整幅画面的构图，以确保表达重点处在画面的视觉重心上。一般的做法是，拍摄者通过拍摄角度的调整，以及画面的加法、减法，将小面积的深色部分也就是摄影师的表达重点，放在黄金分割线、对角线、中心等视觉重心位置。这个步骤可以最大限度地帮助摄影作品的创作者完成画面意义的传达。

（3）恰当用光，并进行有效的色彩控制

高调画面的用光和拍摄对象的选择同样讲究，大面积的浅色部分和小面积的深色部分都需要恰当的光源使其在画面中呈现最佳的视觉效果。如果摄影师在室外完成高调画面的拍摄，将大面积的浅色拍摄对象放在光照较强的条件下，更容易获得理想的高调画面，而如果整个照度不够，即便摄像师选择了合适的拍摄对象，也会由于整体照度的问题而达不到理想的效果。如果在摄影棚内创作高调画面，同样需要将更多的布光工作用在大面积的浅色部分上，而小面积的深色部分也需要恰当的光源，保证其不会被拥有强大光源的大面积浅色部分所淹没。

（4）选择合适的快门速度、光圈和感光度，恰当测光、按下快门

在测光时应当选择暗部主体为测光点，且可加大半级曝光量，以保证画面整体更为明亮。拍摄高调照片时用光应以顺光为主，尽量减小被摄物体的明暗反差和不良的阴影，使画面主体层次更为丰富。

低调画面拍摄和高调画面的拍摄步骤一样，但拍摄方法和拍摄高调画面相反。拍摄对象的选择要保证大面积的深色和小面积的浅色，并且通过选择合适的拍摄角度、合理的构图，将画面的表达重心，也就是小面积的浅色放置于画面的视觉重心上。在此基础上，通过光的塑造和控制，选择合适的快门速度、光圈和感光度，以明部主体为测光点，按下快门完成低调画面的拍摄。

活动2　教师示范

教师模拟示范高调和低调画面的拍摄步骤与方法，并分析拍摄画面的色彩关系。

活动3　学生训练、教师巡查

全班分为6个组，每组学生拍摄高调画面一组（5张）和低调画面一组（5张），要求每位学生注意构图、光影关系、主题立意等，拍摄完成后提交给教师。

教师随时巡查，指导学生。

活动 4 实训检测评估

各组派代表讲解拍摄思路，教师通过实训检测表评估学生实训练习的成果，具体表格如表 7-1 所示。

表7-1 平面摄影的影调控制实训检测表

考核项目	考核内容	分 值	自 评 分（20%）	小 组 评 分（30%）	教 师 评 分（50%）	实 得 分
高调画面	光影关系是否和谐	20				
	重点是否突出	15				
	构图是否得当	15				
低调画面	光影关系是否和谐	20				
	重点是否突出	15				
	构图是否得当	15				
总　　分						

高调画面处理时，要注意高亮处不要曝光过度；低调画面处理时，要避免暗处曝光不足，过亮或过暗的画面都会损失掉事物的细节。

任务 2 摄影的色调控制实训

在影像作品的色彩基础中，认识了冷色调画面和暖色调画面，下面将分别完成冷色调画面和暖色调画面的拍摄任务。

活动 1 讲解实训要求

1. 教师讲解实训课教学内容、教学目的

教师讲解摄影色调中暖调画面的构成与原则、冷调画面的构成与原则，以及光影、色彩对摄影画面色调关系的影响。

2. 讲解拍摄步骤

（1）合理选择拍摄对象

创作一幅摄影作品，首先要选择恰当的拍摄对象，哪些作为画面的主体，哪些作为画面的配体，它们之间用什么建立起关系，都需考虑清楚。在拍摄冷色调摄影作品的时候，合理地选择拍摄对象就显得更为重要了，选择的拍摄物体最好不要包含大量的暖色调成分，否则拍摄出来的摄影作品会从色彩视觉上给人很不和谐的感觉。

（2）选择合适的拍摄角度、合理构图

选定了拍摄对象之后，就要选择合适的拍摄角度，建立在合理的角度之上，对画框范围内的物体进行合理的增减配置，从而实现完美的画面构图。

（3）恰当用光，并进行有效的色彩控制

如果是在室外环境拍摄，应该根据环境的特点，选择合适的色温；如果在室内进行拍摄，

则需要花费大量的工夫进行布光，以获得最完美的光的呈现。在冷色调画面拍摄的过程中，除了选择的拍摄对象颜色偏向冷色调之外，还需要考虑降低色温，从而使得整体画面都更倾向于冷色调。当然，这也要根据实际需要，如果一味追求冷色调的效果，而过分地降低色温，使得拍摄对象失去了原有的面貌也是不可取的。

（4）选择合适的快门速度、光圈和感光度，按下快门

准备工作做好之后，摄影师需要通过对快门速度、光圈和感光度的控制，来完成一幅摄影作品的拍摄工作。通常这三个要素不会影响画面的色调，但依然需要根据摄影作品本身的特点，选择最合适的数据对三要素进行搭配，从而完成一幅冷色调摄影作品。

和拍摄冷色调画面一样，拍摄暖色调画面也要遵循以上四个基本步骤。

同样的，在选择拍摄对象的时候应该尽量选择暖色调的物体，同时也需要注意拍摄对象的暖色调之间是否协调。在遵循一般的拍摄步骤的同时，要格外注意通过色温、用光等实现对暖色调画面的创作。

活动2　教师示范

教师模拟示范暖色调和冷色调画面的拍摄步骤与方法，并分析拍摄画面的色彩关系。

活动3　学生训练、教师巡查

全班分为6个组，每组学生拍摄暖色调画面一组（5张）和冷色调画面一组（5张），要求每位学生注意构图、光影关系、主题立意等，拍摄完成后提交给教师。

教师随时巡查，指导学生。

活动4　实训检测评估

各组派代表讲解拍摄思路，教师通过实训检测表评估学生实训练习的成果，具体表格如表7-2所示。

表7-2　摄影的色调控制实训检测表

考核项目	考核内容	分值	自评分（20%）	小组评分（30%）	教师评分（50%）	实得分
暖调画面	暖色比重是否合理	20				
	光影关系是否和谐	10				
	重点是否突出	10				
	构图是否得当	10				
冷调画面	冷色比重是否合理	20				
	光影关系是否和谐	10				
	重点是否突出	10				
	构图是否得当	10				
总　分						

色调主题的摄影画面拍摄要注意色彩的明度、纯度的对比关系，切不可将整个画面全部布满暖色或冷色，应体现出既有差异又和谐统一的整体色彩效果。

项 目 小 结

1. 影调是摄影利用光影变化而构成的画面使得画面具有一种音乐般的视觉上的节奏与韵律。按照明暗关系来划分，摄影的影调可以分为高调、低调和中间调；按照影像的层次反差来划分，摄影的影调可以分为柔调和硬调。

2. 从色调上对摄影作品进行划分，摄影作品分为冷色调画面和暖色调画面。冷色调画面是指以青、蓝色等色温较低的颜色为主的画面类型，暖色调画面则是以红、橙、黄等色温相对较高的颜色为主的画面。

核 心 概 念

高调画面；低调画面；中间调画面；柔调画面；硬调画面；冷色调画面；暖色调画面。

能 力 检 测

1. 什么是摄影作品的影调和色调？从影调和色调上划分，可以具体分为哪几种画面类型？

2. 在拍摄过程中，通过哪些控制要点可以获得高调画面、低调画面、中间调画面、柔调画面、硬调画面、冷色调画面、暖色调画面？

参 考 文 献

[1] 李红印 . 现代汉语颜色词语义分析 [M]. 北京：商务印书馆，2007.

[2] 张明玲 . 色彩文化 [M]. 北京：中国经济出版社，2013.

[3] 李鑫，赵丽萍 . 中西方色彩文化的异同比较 [J]. 艺术百家，2014（1）.

[4] 王海燕 . 跨文化交际中英汉色彩文化浅析 [J]. 齐齐哈尔大学学报（哲学社会科学版），2008（2）.

[5] 吴雪萍 . 中国传统服装中的五色审美研究 [J]. 宁波大学学报（教育科学版），2009，31（5）.

[6] 张小强 . 中国传统色彩文化与现代艺术设计理念 [J]. 青海师范大学学报（哲学社会科学版），2008（2）.

[7] 秦礼峰，高岩 . 色彩中的文化 [J]. 中州大学学报，2009，26（6）.